KB168254

위기를 기회로 바꾸는

현장의 힘

Copyright ⓒ 2016, 김한준

이 책은 한국경제신문 한경BP가 발행한 것으로

본사의 허락없이 이 책의 일부 또는 전체를 복사하거나 전재하는 행위를 금합니다.

위기를 기회로 바꾸는

현장의 힘

한국경제신문

다시 한번 현장이 답이다

경제가 아프다. 기업도 아프고 개인도 고통스러운 시대다. 불황의 터널 끝은 쉽게 보이지 않는다. 먹고살기가 힘들다는 말이 절로 나올 만큼 불안한 미래는 현재마저 잡아먹고 있다. 어디 그뿐인가. 현재를 야금야금 먹어 삼키는 위기가 멈추지 않고 연일 이어진다. 위기는 더 이상 변수나 예외적인 일이 아니다. 위기가 일상이 된 지금, 우리는 터널 끝을 어떻게 찾아갈 것인가?

제2차 세계대전이 중반으로 넘어갈 무렵이었다. 독일군의 거침없는 공세로 연합군은 속절없이 밀리는 중이었다. 그중에서 북아프리카는 롬멜이라는 걸출한 독일군 장군 때문에 영국군은 연이은 패배로 수세에 몰리고 있었다. 이에 영국의 처칠 수상은 북아프리카 전선의 상황을 뒤집을 만한 리더를 새로 뽑아야만 했다. 그때 유력한 후보로 몽고메리 장군과 또 다른 장군 한 명이 떠올랐다.

몽고메리는 진즉부터 북아프리카의 불리한 전세를 극복하기 위한 방안을 찾고 있었다. 전선의 지도를 펼쳐놓고 어떻게 해야 '사막의 여우'라고 일컬어지는 롬멜을 꺾을지 연구하고 있었다. 반면에 다른 장군은 사교계의 총아였다. 골프와 승마 실력이 월등하고 사교성이 뛰어나 정계의 인사들이 앞다퉈 추천했다. 그러나 처칠의 선택은 알다시피 몽고메리 장군이었다.

처칠은 골프와 승마 실력이 사막의 전투와 무슨 상관이 있느냐고 했다. 사막에서는 말이 아니라 전차를 타고 전쟁을 치러야 하고, 사교계의 고급스러운 취향이 과연 열악한 환경의 사막과 어울리겠느냐는 것이다. 처칠은 사막이라는 '현장'에 주목했고, 그에 걸맞은 인물을 뽑았던 것이다. 그런데 현장에 어울리는 인재를 뽑은 처칠보다 더 현장을 강조한 게 몽고메리 장군이었다.

처칠은 몽고메리 장군에게 독일군에 총공세를 펼치라고 채근했다. 그러나 자신을 선택한 처칠의 명령에도 불구하고 몽고메리 장군은 조급한 공격보다 현장 파악에 몰두했다. 몽고메리가 전선에 와보니, 연이은 패배로 병사들의 사기는 엉망이었다. 당장 병력과 무기도 롬멜의 군대와 싸우기에는 부족했다. 그는 처칠이 아무리 다그쳐도 꿈적하지 않았다. 사막의 지형을 파악하고 눈앞의 병사들을 강도 높게 훈련을 시켰다. 그리고 부족한 무기가 보충될 때까지 기다렸다. 마침내 모든 준비와 전선의 파악이 끝나

자 위기에 몰려 있던 영국군은 독일군을 북아프리카에서 몰아낼
수 있었다.

　기업의 생명줄을 쥐고 있는 고객은 책상 위에 있지 않다. 고객
이 있는 현장, 고객이 원하는 제품의 생산과 서비스가 이루어지
는 현장에서 눈을 떼지 말아야 한다. 1920년대에 미국의 자동차
시장은 포드의 T형 자동차 생산으로 혁신을 이뤘다. 그 덕분에
포드는 단일 모델을 대량으로 생산하여 시장을 장악했다. 그러나
포드의 영광은 영원하지 않았다. GM은 포드의 혁신에 대응하기
위해 고객의 욕구를 반영하는 고객 위주의 전략을 선택했다. 고
객이 원하는 제품이 무엇인지를 현장에서 관찰하고 발굴하여 다
양한 라인업을 앞세워 포드를 제친 것이다.

　기업을 비롯한 여러 기관과 조직을 방문하면 그 조직의 현재를
넘어 미래까지 엿보일 때가 있다. 어떤 조직은 문제가 발생했을
때, 회의실에 몰려와 몇 시간이고 논쟁을 벌인다. 직원들도 저마

다 바쁘다. 그런데 책상 앞에서만 분주하다. 프린터는 쉴 틈 없이 자료를 토해내고, 컴퓨터 모니터에 띄워진 보고서의 스크롤은 아래로 쭉쭉 내려간다.

현장은 조직의 운명을 지탱하는 버팀목이다. 이 버팀목이 으스러지는 마당에 위에서 종이와 공허한 말만 뿌려대면 버틸 재간이 없다. 아주 작은 균열만으로도 버팀목은 무너질 수 있다. 조직의 구성원이 아래를, 현장을, 버팀목을 바라보지 않는다면 그 조직은 미래를 맞이할 수 없다. 이런 조직은 현재의 잘나가는 위상보다 암울한 미래가 더 걱정될 뿐이다.

어선은 태풍이 몰려오면 재빨리 피신해야 한다. 자칫 태풍에 휩쓸리면 목숨마저 잃어버릴 수 있으니 당연한 인간의 본능이다. 그러나 바다를 잘 아는 어부는 무작정 먼 곳으로 도망가지 않는다. 태풍이 지나간 직후의 바다에 물고기 떼가 몰린다는 것을 알기 때문에 가까운 곳에 머무르다 상황이 종료되면 곧바로 어획에 나선다.

이처럼 위기가 닥쳐도 현장을 떠나지 않고 그곳에서 기회를 찾을 줄 알아야 한다. 현장을 떠나버리고 소홀이 하면 위기에 대응할 수도, 새로운 기회를 창출할 수도 없다.

경기 침체나 문제 발생은 그 자체가 문제가 아니다. 위기는 일상이 됐고, 문제는 늘 일어나기 마련이다. 애초의 위기 그 자체보다 더 심각한 위기를 가져오는 것은 그것을 대하는 태도다. 태풍이 연일 몰아쳐도 어떤 태도를 갖추느냐에 따라 그것은 최악의 위기가 될 수도, 최고의 기회가 될 수도 있다.

그렇지만 현장에 간다고 해서, 또 늘 현장에 있다고 해서 저절로 문제가 해결되는 것은 아니다. 결국 실행력이다. 관찰과 소통으로 창의적인 사고를 하면서 다이내믹한 실행력을 갖춰야 변화와 혁신을 이룰 수 있다.

Part 03
소통으로 **협업**을 완성하라

Part 04
위기관리로 조직을 보호하라

오영광 : 39살. 누리마트 유통본부 경영기획팀 과장이다. 대한민국에서 손꼽히는 명문대 출신으로 면접 및 입사시험 성적 1위, 동기들 중 가장 빠른 승진을 자랑하는, 자타가 공인하는 브레인이다. 자신의 능력에 대한 자부심이 강하다. 신입 시절, 기획서 몇 장으로 성과를 창출하는 탁월한 능력 덕분에 초고속으로 승진했다. 하지만 어쩐 일인지 과장이 되고부터는 도통 승진의 기미가 보이지 않는다. 한참 뒤쳐져 있던 동기가 어느새 자신을 따라잡아 과장으로 진급하자 불현듯 위기감을 느낀다.

최고수 : 36살. 누리마트 유통본부 소속으로 특전사팀을 이끌며 개혁과 혁신이 필요한 지점을 회생시키는 일을 하고 있다. 오영광과는 달리 철저하게 현장을 중시한다. 중학교 졸업 후 가정형편 때문에 고등학교 진학을 포기, 검정고시로 졸업자격을 취득했다. 누리마트 해운대점의 신선코너 계약직 사원으로 취업 후 능력을 인정받아 1년 만에 정직원이 되고 곧이어 신선코너 주임이 됐다. 이후 연이은 성과창출로 최연소 차장이 되었고, 덕분에 본부에서 몇 번의 콜이 있었지만 매번 거절하며 꿋꿋이 현장을 지키고 있다.

원대한 : 40살. 누리마트 유통본부의 마케팅팀 팀장이다. 160센티미터를 겨우 넘기는 작은 키에 왜소한 체격을 가졌지만 '작은 거인'이라는 별명답게 일처리 하나만큼은 깔끔하고 똑 부러진다. 오영광의 1년 입사 선배로, 동기들 중 가장 먼저 차장이 되고 누리마트 유통본부의 최연소 팀장이 돼 마케팅팀

을 이끈다. 정보력과 인맥이 좋으며, 마케팅 아이디어도 기발하다. 하지만 다소 현실감이 떨어져 그의 기획은 보류문서로 분류되는 일이 잦다. 현장근무를 해보지 않은 탓에 현장 감각이 떨어진다.

정해진 : 37살. 누리마트 유통본부의 회계팀 대리. 꼼꼼하고 섬세한 성격이라 일처리가 깔끔하고 책임감이 강하다. 개인주의적 성향이 강한데다 원칙을 중요시하는 탓에 융통성이 부족하다는 단점이 있다.

남인교 : 35살. 누리마트 유통본부의 영업팀 대리. 푸근한 인상과 서글서글한 말투로 탁월한 친화력을 보이는 덕분에 사람 좋다는 소리를 많이 듣는다. 그런데 업무에 있어서도 논리적이고 합리적인 접근이 아닌 좋은 게 좋은 것이다, '우리가 남이가!'라며 인정에 기대는 스타일이라 실수가 잦다.

방 본부장 : 53살. 누리유통의 총책임자. 마음에 안 드는 건 가차 없이 뒤엎어 버리기도 하지만 무엇보다도 한번 찍은 직원은 끝까지 물고 늘어져서 기어이 퇴사하는 꼴을 봐야 멈춘대서 저승사자라는 별명까지 얻었다. 하지만 소문과는 달리 그의 이러한 행동은 해당 직원을 '프로 직장인'으로 성장시키려는 혹독한 트레이닝의 일환이다. 인재를 발굴하고 능력을 키워 최고의 리더로 성장시키는 능력이 뛰어나다.

영원한 영광은 없다

"소문 들었어?"

휴게실로 들어서던 오영광은 직원들의 이야기에 귀를 쫑긋 세웠다. 퇴근 후 동료들과 사적인 자리를 거의 갖지 않는 탓에 이런저런 정보를 회사 휴게실에서 주워듣곤 한다. 풍문에 불과하거나 크게 도움이 되지 않는 이야기가 대부분이지만 가끔은 꽤나 쓸만한 정보를 건지기도 한다.

"무슨 소문?"

"특전사팀을 꾸려서 미래점으로 내려 보낸다는 소문 말이야."

'미래점'라는 말에 오영광은 몸을 바짝 당겨 앉았다. 미래점은 그가 대리 시절에 제안하여 출점한 매장이다.

"매출이 계속 떨어진다더니 결국 특단의 조치를 취할 모양이군."

"특전사도 좋고, 특단의 조치도 좋은데 누가 거길 가겠어? 서울에서 차로 5시간이 걸리는 대한민국 최남단인데."

"하긴, 월급을 두 배로 올려준다면 모를까."

"난 월급 두 배로 올려준대도 싫다. 난 무조건 서울을 사수할 거야."

그러고 보니 멀긴 꽤 멀다. 오영광도 몇 년 전 여름휴가를 미래 시에서 보내며 슬쩍 들러본 적이 있다. 미래 시로 향하는 내내 아내는 '휴가를 차에서 다 써버릴 거냐'며 투덜댔다. 아내의 끊이지 않는 잔소리 때문인지 미래 시로 향하는 길이 무척이나 길고 지루했다.

"오 과장, 지금 여유롭게 커피나 마실 때야? 20분 뒤에 본부장님 회의 있는 거 몰라?"

커피를 홀짝거리며 사무실로 들어서는 오영광을 향해 팀장이 버럭 소리를 질러댔다. 방 본부장이 갑자기 임시회의를 소집한 탓에 신경이 바짝 곤두서 있었다.

"그 회의는 팀장급 회의인데 제가 왜?"

"뭐야, 김 대리. 오 과장한테 얘기 안 했어?"

"아, 그게. 급하게 처리해야 할 서류가 있어서 깜빡했습니다. 죄송합니다."

방 본부장은 평소와는 달리 이번 회의에는 팀장들은 물론이고 과장들까지 모조리 참석하라고 지시를 했다고 한다. 회사 분위기가 심상치 않은 것을 보면 휴게실에서 들었던 이야기가 전혀 엉뚱한 소문은 아닌 듯 했다.

"다들 너무 안이한 거 아니야? 이게 당신들 회사라도 영업점 매출이 점점 떨어지는데 그렇게 뒷짐만 지고 있을 거냐고!"

예상대로 회의가 시작되자마자 방 본부장은 모두를 향해 소리부터 질러댔다. 저승사자라는 별명답게 두 눈에선 불꽃이 이글거리고 있었다. 오영광은 최대한 어깨를 움츠리며 그의 눈에 띄지 않으려 노력했다.

"왜 다들 말이 없지? 단체로 꿀단지라도 입에 털어 넣었나!"

"그게 요즘 너무 불경기라서….."

"불경기? 불경기이면 자넨 밥도 안 먹고 생필품도 안 사나? 그리고 경쟁사인 행복마트 미래점은 갈수록 매출이 늘어난다는데 무슨 불경기 핑계야!"

어디선가 새어나온 '불경기' 소리에 방 본부장은 결국 뒷목을 잡으며 자리에서 벌떡 일어났다. 안 하니만 못한 초라한 변명에 오영광도 고개를 내저었다.

"그렇게 필드의 사정을 모르니 미래점이 어떻게 되고 있는지 알 수가 있겠어! 낳기만 하면 다 부모야? 여기저기 씨만 뿌리고 돌보지 않으면 그걸 부모라고 할 수 있냐고!"

방 본부장은 평소 영업점을 자식에 비유했다. 실적이 떨어지는 영업점이 생겨나면 우등생 자녀가 꼴등으로 밀려난 것처럼 열을 내며 직원들을 닦달했다. 더군다나 미래점은 자신을 본부장으로 올려준 효자 중의 효자였다. 그런 사랑스런 자식이 부모 속을 썩이는 천덕꾸러기가 됐으니 그 타들어가는 속을 이해 못할 일은 아니었다. 방 본부장의 잔소리는 쉬지 않고 이어졌다. '경영환경의 변화에 발 빠르게 대응해도 모자랄 판에 너무 안이하게 상황을 바라보는 게 아니냐, 그동안 미래점은 규모와 자본력, 선점의 효과 등에 너무 안주했다, 세상은 늘 움직이고, 시장은 정중동, 즉 겉으로 커다란 변화가 보이지 않아도 늘 움직이는 변화의 흐름이 있다는 것을 간과했다'는 것이 잔소리의 요지였다.

'그래서 어쩌라고요!'

오영광은 못마땅한 듯 입을 삐죽거렸다. 리더들은 늘 저렇다. 현실에 대한 비판과 지적은 분명하면서도 대안이 없다. 뭘 어째야 하는지를 찾아내는 것은 항상 아랫사람들의 몫이다.

"어떻게든 살려내! 못 살려내면 다들 사표 쓸 각오를 해야 할 거야!"

방 본부장은 언제나처럼 모든 책임을 간부들에게 떠넘기며 회의를 마무리했다. 회의실을 나가려다 말고 그는 고개를 돌려 간부들과 일일이 눈을 맞췄다. 내 표적이 너일 수 있으니 각오하라는 일종의 선전포고인 셈이다. 오영광과 눈이 마주치자 방 본부장은 더욱 매섭게 눈꼬리를 추켜올렸다. 순간, 오영광의 등허리로 굵은 땀이 흘러내렸다.

Part 01

변화의
흐름을
인식하라

현장의
힘

01

누가 내 책상을 옮겼나?

"아휴, 이게 대체 무슨 날벼락이야?"

"그러게 말입니다. 데스크에 앉아 있는 우리에게 현장 매출을 어떻게 책임지라는 건지, 원!"

방 본부장이 엘리베이터를 탄 것을 확인한 사람들은 회의실에 앉아 푸념을 늘어놓기 시작했다. 오영광도 그제야 움츠렸던 어깨를 폈다. 상황이 심각한 것은 알겠지만 일개 과장에 불과한 자신에게 그 책임이 돌아올 리 없으니 크게 긴장하지 않아도 될 것 같았다.

"그나저나 미래점이 언제부터 본부장님이 저토록 화를 낼 만큼 망가졌대요?"

"그러게. 미래점 대박 터뜨렸다고 좋아했던 게 엊그제 같은데 후발주자인데다 기업 규모도 우리 반도 안 되는 행복마트에게 밀릴 줄 누가 상상이나 했겠어?"

누리마트 미래점은 남부권의 중소도시 공략을 위한 일종의 플래그십 스토어 역할을 했다. 중소도시인 미래 시에 누리마트가 입점한 것은 대략 5년 전이었다. 미래 시는 쪽빛 바다와 초록의 산이 잘 어우러진 수려한 풍광과 다양한 유적지, 신선한 해산물을 비롯한 각종 먹거리를 자랑하는 전통 있는 관광도시였다. 누리마트가 입점하던 해에 대규모 공단까지 들어서자 해안도시의 장점을 살린 쾌적한 주거 지역이 만들어지면서 차츰 인구가 느는 중이었다.

미래 시의 상권은 상당히 매력적이었다. 미래 시뿐만 아니라 인근 지역이 마치 위성도시처럼 연결이 되는 교통망이 완공을 눈앞에 두고 있었다. 그러나 지역 상인의 반발에 다른 업체도 쉽사리 뛰어들지 못하고 있었다. 그런데 오영광이 외국의 사례를 벤치마킹하여 지역과 상생할 수 있는 모델을 제시한 것이 어느 정도 설득력을 갖춘 덕분에 경쟁업체보다 일찍 출점할 수 있었다.

호기롭게 개장한 누리마트 미래점은 초기 3년 동안 선점의 효과를 톡톡히 누렸다. 그러나 2년 전부터 미래 시의 성장가능성을 확인한 경쟁사에서 차례로 할인마트를 입점시켰고, 그중 유통전문회사인 행복마트가 차별화된 마케팅 전략을 들고 나오면서 확연하게 상권을 분할시켰다. 그리고 결국 6개월 전부턴 누리마트를 누르고 지역 1위의 자리를 지키고 있다. 행복마트는 등장 초기부터 기발한 마케팅 전략으로 충성고객을 확보하며 시장점유율을 높여갔지만 회사는 물론 매장의 규모가 누리마트의 절반에도 미치지 않아 그다지 신경을 쓰지 않았다.

누리마트 미래점의 위기는 여기서 끝나지 않았다. 미래 시의 재래시장도 쾌적한 공간으로 새로이 정비하고 지자체에서 정책적으로 지원하면서 예전의 명성을 되찾는 중이었다. 누리마트 미래점의 입장에선 그야말로 사면초가인 상황이었다.

"5년 전에 미래점 지을 때 누구도 넘보지 못할 만큼 크게 지을 걸 그랬어. 그랬더라면 땅꼬마 행복마트 따위가 미래 시에 들어왔겠느냐고."

마케팅팀의 박 과장은 모든 것이 행복마트 때문인 양 투덜거렸다.

"이제 규모로 승부가 판가름 나는 시대는 지났죠. 행복마트만 하더라도 미래점뿐만 아니라 다른 여러 지점에서도 우리 누리마트를 빠르게 위협하고 있어요. 이젠 덩치가 아닌 속도로 승부를 걸어야 해요."

가만히 이야기를 듣고 있던 마케팅팀의 원대한 팀장이 단호하고 분명한 어조로 말했다.

"아, 맞다. 우리 원 팀장님은 키 크고 덩치 큰 거 엄청 싫어하시지?"

원대한의 심기를 건드리는 것을 즐기는 박 과장은 원대한을 아래위로 훑어보며 비아냥거렸다.

"뭐라고요!"

"아, 아닌가? 작은 거 싫어하시나?"

3년이나 빨리 입사한 데다 나이도 다섯 살이나 많은 박 과장은 후배인 원대한에게 팀장자리를 뺏긴 후 틈만 나면 그의 외모를 비하하며 불편한 심기를 드러냈다. 원대한은 160센티를 겨우 넘기는 작은 키에 체격이 왜소하지만 '작은 거인'이라는 별명답게 일처리 하나만큼은 깔끔하고 똑 부러졌다.

"자, 이런다고 답이 나올 것도 아니고 어서 사무실로 돌아가서 자료나 분석해보자고요."

보다 못한 오영광이 먼저 자리에서 일어났다.

"그러게. 본부장님 불같은 성격으로 볼 때 아마 내일 당장 기획안 들고 오라고 할 거야."

회의에 참석했던 사람들은 발등에 떨어진 불부터 끄고 보자며 서둘러 사무실로 향했다.

"오 과장, 자네 다음 주부터 미래 시에 내려가야겠어."

"예? 미래 시에 출장 다녀오라는 말씀이신가요?"

"출장이 아니라 아예 1년 정도 그곳에 눌러앉을 생각해."

다음날, 저녁 회식자리에서 소주잔을 한입에 털어 넣은 팀장은 잠시 숨을 고르더니 오영광에게 파견근무 이야기를 꺼냈다. 방 본부장이 특전사팀을 꾸려 현장으로 보내라고 지시했다는 것이다.

"아니 왜 하필 제가?"

황당해서 말이 나오지 않았다. 경력으로 보나 실력으로 보나 가려면 팀장이 가야지 왜 자신이 가냐고 따지고 싶었지만 차마 입이 떨어지지 않았다. 말이 좋아 특전사지 서울과 5시간 거리의 지방에 내려가란 것은 유배를 보내는 것과 다를 게 없었다.

"그거야 미래점이 자네 아이디어니까 그렇지. 사실 자네가 동기들 중에 제일 먼저 과장이 된 것도 다 그 기획 덕분이잖아. 그런 의미에서 본다면 미래점은 엄연히 자네 자식이라고. 자네 자식 자네가 책임져야지 누가 책임지겠어? 안 그래?"

"말도 안 돼요. 그런 억지가 어딨어요?"

"그럼 누가 가? 애 둘 딸린 홀아비인 내가 가리? 아님 저 모지리들을 보내?"

팀장은 회사가 어떻게 돌아가는지 내 알 바 아니란 듯 키득거리며 술잔만 기울이고 있는 팀원들을 가리켰다.

"아무리 그래도 제가 갑자기 내려간다는 게…."

팀장은 미안하다며 상황은 바뀌지 않을 테니 준비하라는 말을 했다. 그리곤 자신도 마음이 편치 않다며 연거푸 술잔을 들이켰다.

"하…."

오영광은 갑작스런 파견근무 이야기에 어이가 없어 말문이 막혔다. 미래 시가 서울에서 5시간이나 걸리는 촌구석이란 것도 문제지만 더 큰 문제는 갑작스런 신분 하락이다. 입사 이후 줄곧 데스크에서 페이퍼 업무만 하던 자신이 졸지에 작업복을 입고 현장을 뒹구는 신세가 된 것이다. 더군다나 대한민국에서 손꼽히는 명문대 출신, 면접 및 입사 시험성적 1위, 동기 가운데 가장 빠른 승진을 자랑하는 그는 자타가 공인하는 브레인이 아니던가. 당장 아내에게 이 이야기를 하면 좌천당한 것이 아니냐며 난리가 날 것이 분명하다.

물론 현장 근무를 아예 염두에 두지 않은 것은 아니었다. 다만,

40대 후반쯤에 승진을 위한 경력 관리 정도로 수도권 매장에서 잠시 근무하는 정도로 예상했을 뿐이다. 게다가 요즘은 인터넷의 발달로 굳이 현장에서 땀을 흘리지 않고도 정보를 구하고 판을 읽는 것이 쉬워지지 않았는가.

"저기 오 과장님, 이거⋯."

이틀 뒤, 김 대리가 오영광의 눈치를 보며 슬쩍 종이 한 장을 건넸다. 인사발령 통지서다. 오영광은 하얀 종이 위에 선명히 적힌 자신의 이름을 내려다보며 뜨거운 한숨을 토해냈다. 왜 자신이 출점 당시 아이디어를 냈다는 이유만으로 그 먼 곳까지 가야 되는지 여전히 납득할 수 없었다. 지금 하고 있는 일 역시 본사의 해외 매장 진출을 위한 시장분석이었기 때문에 당장 미래점과 직결되는 업무를 하는 것도 아니었다. 그러나 이미 결정된 사안을 되돌리는 것은 오로지 사표를 내는 것뿐이니 속만 타들어갈 뿐이다.

"뭐야? 당장 월요일부터 미래점에서 근무하라고? 정말 이 놈의 회사, 해도 해도 너무 하네!"

욕이 튀어나오려는 것을 애써 참으며 오영광이 거칠게 소리를 질렀다. 일정을 이토록 긴박하게 잡은 것은 반발을 용납하지 않겠다는 방 본부장의 강력한 의지 표현일 것이다.

"숙소는 직원들 단체 숙소에서 지내면 된다고⋯."

김 대리가 다시 기어들어가는 목소리로 말했다. 불편한 상황이 되는 것이 싫어 팀장은 김 대리에게 대신 말을 전하라고 하고는 아예 자리를 비운 상태였다. 허탈한 표정으로 사무실을 둘러보다 자신의 책상에 시선이 머무니 눈물이 찔끔 새어나왔다. 누리유통에 입사한 이후 지난 10년을 지켜온 책상이었다. 평생을 현장근로자로 일하며 기름밥을 드셨던 아버지는 어린 시절부터 그에게 "너는 아버지와 달라야 한다. 더러운 작업복이 아닌 와이셔츠에 넥타이를 매고 멋진 책상에 앉아 일을 해야 한다"고 하셨다. 아버지의 소원을 이뤄드린 이듬해 아버지는 폐암으로 세상을 뜨셨다. 40년이 넘는 세월 동안 주야장천 피우시던 담배가 아닌 공장의 탁한 공기를 탓하며 어머니는 내내 회사를 원망했다.

'기다려. 꼭 다시 돌아온다!'

자신이 사용하던 물품을 박스에 담으며 오영광은 입술을 질끈 깨물었다. 그리고 직원들이 아닌 자신의 오랜 책상에게 마지막 인사를 하며 사무실을 나섰다.

02

변화를
받아 들일 수 있을까?

북적이는 지옥철 안에서 치한으로 몰릴까 노심초사하며 몸을 바짝 웅크리지 않아도 된다. 출근 시간에 엘리베이터 안으로 구겨지듯 던져지지 않아도 된다. 점심시간 빌딩 숲에서 한꺼번에 빠져나온 와이셔츠 부대들 틈에서 단골식당을 사수하려 종종대지 않아도 된다. 어디 그뿐인가. 설거지 좀 해라, 청소기 좀 돌리라던 아내의 투정은 식사 거르지 마라, 아프지 마라는 염려의 말로 바뀌었다. 불편했던 모든 것이 사라졌다. 이곳이 서울이 아니란 것을 제외하곤 아직까진 크게 나빠진 건 없었다.

"누가 기획한 작품인지 멋지긴 정말 멋지군!"

오영광은 널찍한 야외주차장에 차를 주차한 뒤 누리마트 미래점을 올려다보았다. 땅값이 금값인 서울에 비해 훨씬 크고 높아 그 웅장함이 남달랐다. 구불구불 지하 동굴 같은 대도시의 할인마트 주차장과는 달리 널찍한 야외주차장이 미래 시의 여유로움을 말해주는 듯했다. 코끝을 간질거리는 봄바람은 그의 불편한 마음을 아는지 모르는지 매력적인 바다 내음까지 담고 있었다.

"어떻게든 되겠지."

오영광은 크게 숨을 한 번 들이마신 뒤 씩씩하게 걸음을 내딛었다. 오영광이 일하게 될 미래전략팀은 누리마트 미래점의 제일 고층인 8층에 있었다.

"아니, 이게 누굽니까? 오영광 과장님 아니세요?"

사무실로 들어서는 오영광을 향해 누군가 반갑게 인사를 했다. 자세히 보니 유통본부에서 함께 근무했던 마케팅팀 팀장 원대한이었다.

"아니, 원 차장님이 여기 왜?"

"저도 오늘부터 여기에서 근무한답니다. 하하하."

오영광은 의아했다. 오영광의 1년 입사선배인 원대한은 동기들 중 가장 먼저 차장이 되고 누리마트 유통본부의 최연소 팀장이 됐다. 그는 작은 체구답게 몸도 머리도 날랬다. 어디서 그런 정보를 알아냈나 싶을 정도로 정보를 수집하는 능력이 뛰어났고, 여기저기 모르는 사람이 없을 정도로 인맥도 훌륭했다. 게다가 그의 마케팅 아이디어는 기발하기까지 했다. 다소 현실감이 떨어져 종종 보류문서로 분류되긴 했지만 그것이 멀리 미래 시까지 '유배'를 올 정도는 아니었다.

"본부에선 우리 둘만 내려온 모양이죠?"

오영광이 사무실을 두리번거리며 물었다. 제법 널찍한 사무실엔 두 사람과 청소를 하는 잡부 외엔 아무도 없었다. 아직 9시가 되려면 10여분이 남긴 했지만 낯선 곳에서의 첫 출근은 대부분 조금 일찍 서두르지 않던가.

"다른 두 분은 옥상정원에 있어요. 미래 시가 한 눈에 내려다 보여서 경치가 훌륭하더라고요. 아, 마침 저기 오네요."

원대한의 말이 떨어지기 무섭게 두 사람이 미래전략팀 사무실로 들어왔다. 함께 일한 적은 없지만 본부에서 오가며 만난 적이 있는 얼굴들이었다. 꼼꼼하고 섬세한 성격 덕분에 회계팀의 유망주로 떠오르는 정해진 대리와 푸근한 인상과 서글서글한 말투로 탁월한 친화력을 보이는 영업팀의 남인교 대리였다.

"오 과장님은 오늘 새벽에 내려오셨어요? 우린 어제 내려와서 숙소에 방까지 다 정했는데."

대강의 인사를 마치자 정해진이 오영광의 눈치를 살피며 물었다. 회사에서 제공해준 직원 아파트가 마침 방이 3칸이라 각자 하나씩 정했다는 말도 덧붙였다.

"아, 신경 쓰지 마세요. 전 오피스텔을 하나 얻으려고요."

"아휴, 돈 들여가며 오피스텔을 왜 구해요? 제 방에서 같이 지내면 되니 퇴근하고 짐 들고 오세요. 하하하!"

남인교는 갑작스런 객지 생활도 서러운데 혼자 지내면 우울증이 온다며 다 함께 뭉쳐서 지내자고 했다.

"아니, 내 방에서 지내면 되겠네요. 내 방이 제일 크니 그 방에서 함께 지내면 돼요."

이번에는 원대한이 나섰다. 나이가 제일 많아서 그런지 큰방을 양보 받았다며 그 방에서 함께 지내자고 했다.

"아닙니다. 전 혼자 지내는 게 편합니다. 퇴근 후까지 회사의 울타리 안에 있고 싶지는 않습니다. 그러니 다들 신경 안 쓰셔도 됩니다."

오영광은 단호한 표정과 말로 사람들의 관심을 싹둑 잘라냈다.

"흠흠, 다들 인사를 나누신 것 같은데 이젠 내 차례인가요?"

어디선가 들려오는 낯선 목소리에 팀원들은 눈이 동그래져서는 고개를 돌렸다. 자줏빛 회사 유니폼을 입고 사무실 곳곳을 열심히 쓸고 닦고 하던 청소용역 직원이었다.

"이봐요, 아저씨. 인사고 뭐고 이제 업무시간이니 대충 하셨으면 나가주세요."

정해진이 청소용역 직원의 팔을 잡아끌며 어서 나가라고 종용했다.

"하하, 나갈 때 나가더라도 내 일은 하고 나가야죠."

청소용역 직원은 청소도구를 한쪽 구석에 내려놓고는 사무실의 정중앙에 서서 허리를 90도로 꺾으며 배꼽인사를 했다.

"반갑습니다. 오늘부터 여러분과 함께 미래전략팀에서 일하게 될 최고수입니다."

"네? 당신이 우리와 함께 일한다고요? 이 무슨 말도 안 되는…."

황당한 것은 오영광도 마찬가지였다. 아무리 현장 근무라지만 청소용역 직원과 같은 팀이라니!

"자, 잠깐만. 최고수라면? 혹시 최고수 팀장님?"

원대한이 수첩을 꺼내 메모를 확인했다. 미래점으로 내려오기 전 미리 새로운 팀장에 대한 정보를 얻어둔 것이다. 그가 입수한 정보에 의하면 최고수는 고등학교를 검정고시로 졸업하고 군 복무를 마친 후 스물둘의 어린 나이에 누리유통에 계약직으로 입사한 인물이다. 그리고 입사 이후 굵직한 성과들을 창출해내며 1년 만에 정규직 전환, 곧이어 신선코너 주임이 됐고, 이후에도 연이어 성과를 창출함으로써 최연소 차장이 됐다. 본부에서 그에게 몇 번의 콜을 했지만 번번이 거절하며 현장을 지켰고, 3년 전부터는 특전사팀이 꾸려지는 지점을 돌며 매장을 회생시키는 데 힘쓰고 있다.

"네, 그렇습니다. 제가 여러분과 함께 미래전략팀을 이끌어갈 최고수 팀장입니다. 저도 여러분처럼 이곳에 온 지 얼마 안 됩니다. 잘 부탁드립니다."

최고수는 한 달 전에 이곳에 와서 팀을 꾸리기 전에 현장 상황을 파악하고 있었다고 했다.

"자, 그럼 대충 통성명은 끝난 거 같으니 이제 본격적으로 일을 해볼까요?"

"아, 네."

정해진이 재빨리 자리에 앉으며 대답했다. 남인교와 오영광도 쭈뼛거리며 자리에 앉아 노트북을 켰다.

"다들 뭐 하시는 겁니까? 여기까지 와서도 책상만 지킬 생각이십니까?"

"네?"

팀원들이 어리둥절해하며 눈치만 살피자 최고수는 답답하다는 듯 한숨을 내쉬었다. 그러고는 사무실 구석의 사물함에서 회사 유니폼을 나눠주며 갈아입으라고 했다.

"옷 갈아입으셨으면 다들 저를 따라오세요!"

최고수는 8층의 각 사무실을 돌며 미래전략팀을 소개했고, 엘리베이터를 다시 1층으로 내리더니 각층의 구석구석을 돌며 매장 직원들과 인사를 시켰다. 그리고 각 매장의 특징 및 판매 동향 등을 세세히 설명했다.

"뭘 저런 걸 일일이 매장을 돌면서 말로 해요? 그냥 문서 한 장 보내주면 간단할 것을."

"고졸이래요, 고졸. 그것도 검정고시 출신."

오영광의 투덜거림에 원대한이 낮은 목소리로 맞장구를 쳤다. 사실 원대한은 미래점 파견 소식을 듣고는 당연히 자신이 팀장일 것이라고 기대했다. 그런데 막상 정보를 구하고 보니 자신보다 다섯 살이나 어린, 그것도 고졸 검정고시 학력에 현장 출신의 인물이 팀장인 것에 내심 불만이 컸다.

"쳇, 무식하면 손발이 고생이라더니 그 말이 딱이네요."

1층부터 7층까지 3시간 동안 누리마트 미래점의 모든 매장을 돌고나니 다리가 후들거릴 정도였다.

"점심 식사 하시고 정확히 2시에 주차장에 모이십시오."

"아니, 주차장엔 왜요?"

최고수의 말에 원대한이 따지듯 물었다.

"오후엔 재래시장을 돌아볼 겁니다."

"재래시장엔 왜?"

이번에는 정해진이 물었다.

"할인마트의 적은 할인마트만이 아닙니다. 백화점도, 재래시장도, 심지어 동네 구멍가게도 할인마트의 적이 될 수 있습니다."

"압니다. 알지만, 어딜 가나 비슷한 현상이 벌어지는데 그걸 굳이 발로 뛰며 확인할 필요가 있을까요?"

참다못한 오영광이 나섰다.

"또 다른 좋은 방법이 있습니까? 현장을 제대로 알아야 문제점을 올바로 파악할 수 있습니다."

"막말로, 똥인지 된장인지 꼭 찍어 먹어봐야 아나요? 그럴 시간에 자료를 찾고 데이터를 분석해서 전략을 수립해야죠. 그러라고 우리를 여기까지 부른 것 아닙니까?"

오영광은 최고수의 말을 선뜻 수긍할 수 없었다. 모름지기 고수란 숫자만 봐도 회사가 어떻게 돌아가는지 알 수 있어야 한다는 선배들의 말을 철썩 같이 믿고 있었다.

"우린 지금 똥인지 된장인지 구분하러 가는 게 아닙니다. 겉으로는 비슷해 보이는 된장인데, 과연 몇 년 묵은 된장인지, 무엇이 더 들어가고 덜 들어갔는지, 숙성의 방법이 어떻게 다른지 등 직접 맛을 봐야만 알 수 있는 현장의 정보를 알아내러 가는 겁니다. 그게 사무실에서 가능하신 분은 사무실에 남으셔도 됩니다.”

최고수는 팀원들에게 선택권을 넘겨주고 유유히 사라졌다.

“오 과장님, 어쩔 거예요?”

정해진이 오영광의 눈치를 살피며 물었다.

“어쩌긴요? 갑작스런 파견 지시에 자료 볼 시간도 없었는데 당연히 자료부터 봐야죠.”

“그, 그렇죠? 재래시장이야 다음에 시간 날 때 천천히 구경해도 되죠. 우리가 재래시장이나 구경하자고 여기까지 온 것도 아니고.”

남인교는 미래 시의 재래시장이 꽤 유명하긴 하지만 당장 발등에 떨어진 불부터 꺼야 한다며 맞장구를 쳤다.

“그나저나 이 칙칙한 작업복부터 벗어던져야지, 원!”

“그러게요. 남자는 수트빨인데.”

원대한의 말에 모두들 기다렸다는 듯 회사 유니폼을 거칠게 벗어던졌다.

“그렇게 빤한 이야기를 하려고 서울에서 여기까지 오셨어요?”

"그러게요. 가격 내리고, 홍보 많이 하면 손님 오는 거 누가 몰라요? 그런데 그게 그때만 반짝하는 데다 결국엔 제 살 깎아먹기니 문제죠."

"그 정도 얘긴 무식한 나도 하겠네."

미래전략팀의 발표가 끝나자 미래점의 영업팀 팀장이 콧방귀를 뀌며 비아냥거렸고, 현장의 주임들도 기다렸다는 듯 거칠게 공격을 해댔다. 앞치마 차림으로 회의에 참여했던 정육코너 직원까지 답답하다며 한 마디 거들었다. 기대가 컸던 만큼 실망도 컸던 것이다.

"뭐라고요! 그렇게 잘 아시는 분들이 미래점을 이 꼴로 만들었어요?"

미래전략팀을 대표해 발표를 맡았던 오영광이 버럭 소리를 쳤다. 사실 그다지 새로울 것도 없는 전략이라 문서를 만들어놓고도 내내 찜찜했다. 그런데 대놓고 면박을 주니 발끈한 것이다.

"뭐요? 우리 미래점이 뭐가 어때서요! 잘 굴러가고 있는 매장에 와서 이게 문제니, 저게 문제니 지적질만 해대고, 기껏 대안이라고 내놓은 것이 초등학생도 다 아는 수준이라니, 원!"

"뭐요? 초, 초등학생!"

"그만들 하시죠. 오늘 회의는 이것으로 끝내겠습니다."

회의 내내 침묵을 지키던 최고수가 중재에 나서며 회의를 마무리했다. 그는 팀원들에게 재래시장의 동행을 강요하지 않은 대신 이틀의 시간을 주며 미래점을 살릴 방안에 대해 기획안을 만들라고 했다.

"이곳에 온지 이제 3일밖에 안 된 우리에게 대뜸 대안을 내놓으란 것부터가 잘못된 거 아닌가요?"

"그러게요. 우리가 아무리 누리마트의 특전사 부대라고는 하지만 인간의 능력이란 게 한계가 있는데."

사무실로 들어서자마자 저마다 한 마디씩 내던지며 최고수에 대한 못마땅한 마음을 드러냈다.

"시간을 더 줬다고 해서 별 뾰족한 방법이 있었겠어요?"

"그건 그렇지만…."

"재래시장 보러 가자고 할 때 그냥 갈 걸 그랬어요."

"하긴, 데이터만으론 알 수 없는 무언가가 현장엔 있을 테니…."

투덜거림이 길어지자 다들 힘없이 꼬리를 내렸다. 괜한 자존심에 꼬리를 바짝 들어봤자 결국 이곳에 머무는 시간만 길어질 뿐이란 걸 잘 알았다. 자존심을 지키는 것보다 더 중요한 것이 하루라도 빨리 서울로 돌아가는 것이었다.

"다들 퇴근 안하세요?"

퇴근시각이 되서야 사무실에 얼굴을 비친 최고수가 경쾌한 목소리로 물었다. 회의 때와는 사뭇 다른 그의 표정에 다들 노트북을 만지작거리며 눈치만 살폈다.

"아직도 서류 볼 게 더 있어요?"

"아, 아뇨. 그건 아닌데…."

"그럼 오늘 우리 팀 회식이나 할까요? 싱싱한 자연산 활어회에 소주 한 잔 어때요?"

최고수는 회의 준비를 하느라 이틀 동안 고생했다며 회식을 제안했다.

"우와! 드디어 그 유명한 미래 시의 자연산 활어회를 먹어보는 군요."

남인교는 서둘러 노트북을 덮고는 최고수 옆에 바짝 붙어서 섰다. 정해진도 오랜만에 싱싱하고 쫀득쫀득한 자연산 회를 먹게 됐다며 좋아했다.

"이미 알고 계시겠지만 오늘 여러분들이 준비하신 보고서에는 '미래점'이 없습니다. 대부분의 할인마트가 실적이 부진할 때마다 나오는 그렇고 그런 대안들이죠. 여러분의 탁월한 정보력과 기획력이 성과로 이어지기 위해서는 그 안에 우리 미래점을 담아야 합니다. 우리가 현장을 알아야 할 이유가 여기에 있습니다."

몇 차례의 술잔이 오고 나자 최고수가 자세를 고쳐 잡으며 본론을 꺼냈다.

"세상은 우리가 생각하는 것보다 더 빨리 변화하고 있습니다. 사람들은 변화의 속도를 인지하고, 현재의 상황을 바꾸어야 한다고 말합니다. 하지만 정작 자신들이 바뀌어야 한다는 것을 인지하지도, 인정하지도 않습니다."

"바뀌어야죠. 변화해야죠. 세상에 안 잡아먹히려면. 그런데 어떻게…."

연거푸 술잔을 들이키던 원대한이 자신도 답답하다며 한숨을 내쉬었다.

"당장 여러분을 보세요. 미래점을 살리려 왔지만 3일 동안 책상을 떠나지 않았습니다. 상황이 바뀌었는데 여전히 같은 방식으로 대응하고 있는 거죠."

"결국 팀장님은 우리에게 책상을 버리고 현장으로 나가란 말을 하고 싶었던 거군요. 엘리트네, 브레인이네 하며 책상만 지키고 있는 게 못마땅해서 뻔한 답이 나올지 알면서 우리에게 회의 준비를 시킨 거고요."

오영광은 차라리 재래시장에 가서 현장을 파악하라고 분명하게 지시를 하지 그랬느냐며 비아냥거렸다.

"나는 여러분이 누구보다도 유능하단 걸 잘 압니다. 그 능력을 높이 사기에 분명 우리 미래점에 큰 도움이 될 것을 믿습니다. 다만 여러분이 지나치게 페이퍼 업무에만 매몰돼 있는 것이 안타까울 뿐입니다. 세상은 데이터나 자료만으론 표현될 수 없는 그 특유의 결이 있습니다. 마치 글과 사진만으론 전해질 수 없는 이 싱싱한 자연산 활어회의 쫀득한 식감처럼 말이죠."

"그럼요, 그럼요. 자연산 활어회는 직접 맛보지 않고는 그 진짜 맛을 알 수 없죠. 헤헤."

남인교가 활어회를 오영광의 입 가까이에 건네며 넉살 좋게 웃었다. 오영광은 못 이기는 척 회를 한 입 받아먹으며 천천히 그 식감을 느껴보았다. 사실 최고수의 말은 구구절절 맞았다. 미래점을 살리려면 보고서 너머에 존재하는 고객과 현장의 변화를 생생한 목소리로 들을 수 있어야 한다. 하지만 어떻게? 여전히 '어떻게'에 대한 답을 찾지 못해 무거운 표정으로 앉아 있는 팀원들에게 최고수가 가방에서 파일을 꺼내 나눠줬다.

"이게 뭐죠?"

"저도 여러분의 방식에 맞춰 페이퍼로 준비해봤습니다."

파일의 겉표지에는 '변화적응능력 테스트'라고 적혀 있었다.

"시간 날 때 한번 테스트해보세요. 변화 과정에 적응하고, 나아가 변화 과정을 주도할 수 있는 능력이 어느 정도인지 여섯 가지 항목으로 나눠 진단하는 거랍니다. 자신에게 해당되는 것에 체크 표시를 하면 되요. 참고로, 이 진단지는 제가 만든 건 아니랍니다. 하하!"

테스트지에 대한 간단한 설명을 한 뒤 최고수는 다시 건배를 제안했다.

"페이퍼 업무도 좋고, 현장업무도 좋지만 전 무엇보다 여러 선배님과 함께 하는 소주 한 잔이 제일 좋네요."

남인교는 팀의 막대답게 애교스런 말과 몸짓으로 다시 분위기를 살렸다. 오영광은 진정한 변화를 위해서는 생각과 몸이 움직이기 이전에 마음이 먼저 움직여야 함을 새삼 느끼며 잔을 높이 치켜들었다.

03
토끼굴에 들어가다

"서울아, 기다려라. 내가 간다!"

미래 시에서 맞는 첫 번째 주말, 원대한과 정해진은 짧더라도 가족과 시간을 보내고 싶다며 금요일 퇴근시각이 되자마자 서울로 향했다. 노총각인 남인교는 아예 여자친구가 미래 시로 내려와 결혼의 마지막 쐐기를 박는 달콤살벌한 데이트를 즐겼다. 먼 타지까지 내려와 고생중인 남편의 허한 마음을 아는지 모르는지 "힘들면 안 와도 된다, 이참에 나도 좀 쉬자"는 아내의 말에 오영광은 그냥 미래 시에 남기로 했다.

"우리 같이 장보러 갈까요?"

책을 읽다 말고 오영광은 휴대전화를 집어 들었다. 당장 급한 것이 할인마트를 둘러보는 것이라는 생각에 최고수에게 전화를 했다. 아무래도 그와 함께 할인마트를 둘러보면 이런저런 도움을 받을 수 있을 것 같아서다.

"쩝, 이거 생각했던 것보다 훨씬 더 어색한데요."

오영광은 평소 할인마트에 거의 가지 않았다. 맞벌이인 탓에 신혼 초에 몇 번 할인마트에 따라갔지만 갈 때마다 아내와 다투게 되자 아예 발길을 끊은 것이다. 할인마트에 직접 장을 보러 온 것도 어색했지만 더한 것은 함께 온 이가 비슷한 또래의 남자라는 사실이었다.

"뭐 어때요? 요즘은 독신 세대가 많아서 이렇게 함께 장을 봐서 나눠 쓰는 사람들도 많아요."

어색해하는 오영광과는 달리 최고수의 얼굴엔 미소가 떠나지 않았다. 오영광이 먼저 할인마트를 둘러보자는 제안을 해온 것도 반가웠고, 아이디어가 떠오르는 족족 메모를 하거나 사진을 찍어 기록으로 남기는 적극적인 모습도 보기 좋았다.

"이상하네요. 요즘은 남자끼리도 장을 보러 다니는군요."

젊은 청년들이 두세 명씩 어울려 장을 보는 모습이 자주 눈에 띄자 오영광이 이상하다는 듯 고개를 갸웃하며 물었다.

"아, 여기 미래 시에는 종종 볼 수 있는 광경이죠. 조선소에 근무하는 젊은 직원들이 원룸이나 숙소에서 지내며 주말이면 동료들과 저렇게 장을 보러오거든요."

"아…."

최고수의 설명은 신선한 충격으로 다가왔다. 환경이 달라지니 삶의 모습도 변했다. 어쩌면 지난 일주일 동안 최고수가 '현장'을 강조했던 이유도 거기에 있을 것 같았다.

"그럼 일단 오늘의 장보기 콘셉트는 '싱글남'이에요."

오영광은 미래 시의 특징이 싱글남이 많은 것인 만큼 철저하게 싱글남의 기준으로 장을 보면서 장단점을 체크해보겠다고 했다.

"오호, 좋은 아이디어네요. 제가 조수 역할을 하죠. 하하."

오영광은 최고수와 함께 누리마트의 여기저기를 돌며 싱글남 장보기 체험을 했다. 그런데 예상했던 것 이상으로 불편한 점이 많았다. 특히 할인마트 상품의 대부분이 대용량이라 '저걸 언제 다 써?'라는 생각에 선뜻 구매하기가 부담스러웠다.

"어휴, 요만큼 장을 보는데도 벌써 한 시간이나 걸렸네요. 다리도 아프고, 목도 마른데 매장 안에선 앉을 수도 마실 수도 없으니 원."

장보기 체험은 생각보다 많은 에너지가 소모됐다. 오영광은 힘들 땐 잠시라도 앉을 수 있는 곳이 있다면 좋겠다는 생각이 들었다.

"직접 눈으로 보고 체험을 해보니 뭔가가 조금씩 보이는 것 같아요. 할인마트는 당연히 주부의 공간이라고 생각했었는데 그게 아니네요. 맞벌이족, 싱글족, 독거어르신 등 삶의 형태가 다양해진 만큼 고객층도 바뀌고 있군요. 게다가 미래점은 관광지다 보니 마트에 들러 간단히 식료품을 사는 여행객도 많군요."

오영광은 카트 대신 플라스틱 바구니를 들고 간단히 장을 보고 있는 젊은 여행객을 가리켰다.

"여행객만을 위한 간편 장보기 코너를 따로 만드는 것도 좋을 것 같아요. 먼 곳까지 여행을 와서 마트 안에서 이리저리 헤매며 시간을 보내는 게 얼마나 속상하겠어요."

종종 걸음으로 매장 안을 이리저리 헤매는 관광객 커플을 보며 오영광이 안쓰러운 듯 말했다.

"음, 좋은 의견이긴 한데, 경영진의 입장에선 고객을 더 오래 매장에 머물게 해서 이것저것 사게 하고 싶지 않을까요? 그래야 이익이 더 많이 생길 테니 말이죠."

"장사 하루 이틀 하다 말 게 아니라면 당장의 이익보다는 고객의 편의를 먼저 생각해야죠. 이런 차별화가 고객에게 만족감을 줄 테고 그것을 경험한 고객은 분명 누리마트 미래점을 기억해줄 거예요.”

오영광은 누리마트 미래점에 대한 좋은 기억은 곧 누리마트에 대한 호감으로 작용할 것이며, 이것은 여행객이 원래의 거주지로 돌아가서도 누리마트를 선택하는 계기가 될 것이라고 했다.

“축하드립니다!! 드디어 오 과장님도 토끼굴에 들어오셨군요. 하하하!”

“네? 토끼굴이요?”

최고수의 뜬금없는 말에 오영광은 눈을 동그랗게 뜨며 당황스러워 했다.

“《이상한 나라의 앨리스》라는 동화 아시죠?”

“알긴 아는데 그게 왜…?”

“앨리스가 만일 토끼굴에 들어가지 않았다면 어떻게 됐을까요? 당연히 그런 놀라운 세상을 못 봤을 것이고 이야기도 전개되지 않았겠죠.”

“그렇겠죠.”

“이 동화는 영화로도 제작됐는데, 앨리스가 토끼굴을 쳐다보며 들어가기를 망설이는 장면이 나와요. 마치 자신을 둘러싼 환경의 변화에 대해 적응하고 대응하기를 망설이는 현대인의 모습을 보는 것 같았죠.”

최고수는 오영광이 할인마트에서 장보기 체험을 하며 세상의 변화를 느끼는 것이 마치 앨리스가 토끼굴에 들어와 새로운 세상을 만나는 모습처럼 보인다며 흐뭇하게 웃었다.

"그런가요? 헤헤."

멋쩍게 웃었지만 오영광은 최고수가 하는 말의 의미를 충분히 이해했다. 대한민국을 대표하는 대형 할인마트 유통본부에서 근무하지만 정작 할인마트에 장을 보러 간 것은 손에 꼽을 정도였다. 빠르게 바뀌고 있는 토끼굴을 눈앞에 두고도 직접 들어가 볼 용기는커녕 관심조차 갖지 않았던 것이다.

새로운 한 주가 시작되자 오영광은 지난 주말 생생한 현장 체험을 통해 얻은 나름의 쾌거를 팀원들에게 설명했다. 그러고는 자신이 상상하는 그 이상의 것이 분명 현장에 있는 것 같다며 체계적이고 계획적인 현장분석이 필요하다는 말을 덧붙였다.

"오늘은 일단 누리마트 미래점의 상품진열 및 서비스 등에 개선해야 할 점은 없는지 알아보도록 하죠. 그리고 내일은 행복마트를 비롯해 미래 시의 타 할인마트를 돌며 장단점을 분석하도록 합시다. 그리고 수요일엔 재래시장을 돌아보고요. 목요일에 타부서와 함께 하는 기획회의가 잡혔으니 그때까지 발바닥에 땀나도록 뛰어봅시다. 하하."

출장업무로 3일 동안 자리를 비운 최고수 대신 원대한이 팀장의 역할을 대신 수행하기로 했다. 자신을 비롯해 모든 팀원이 현장업무가 낯선 탓에 계획대로 진행될지, 기대하는 대로 성과를 거둘지 염려스러웠지만 일단 부딪혀보기로 했다.

"이 과자는 왜 이렇게 많이 쌓여 있죠?"

오영광은 스낵코너 입구에서 가장 핫한 자리에 잔뜩 쌓여 있는 노란색 봉지의 과자를 가리키며 물었다.

"모르세요? 이게 요즘 없어서 못 먹는다는 그 과자잖아요."

스낵코너 판매자가 한심하다는 표정으로 대답했다.

"그러니까요. 없어서 못 먹는다는 과자가 왜 우리 매장엔 이렇게 잔뜩 쌓여 있느냐고요."

"그야, 유행이 한풀 꺾이니…."

오영광은 할인마트에서 일하는 동생 덕 좀 보자며 화제의 그 과자를 한 상자나 부탁하던 누나의 전화를 떠올렸다. 조카들이 먹어보고 싶다며 울고불고 난리도 아니란 것이다. 그런데 언젠가부터 부탁의 횟수가 점점 줄어들더니 이젠 아예 구해달란 말도 없었다. 평소 군것질거리에 별 관심이 없던 오영광은 그저 애들 입맛이 변했으려니 생각했다.

"일단 알겠습니다."

현장 판매자를 다그칠 문제가 아니었다. 유행의 속도를 따라잡지 못해 뒷북을 치고 있는 것은 미래점 최고위층의 결정권자들이었다.

"여긴 왜 이렇게 줄을 많이 서 있죠?"

"아, 이게 우리 미래점의 자랑인 마왕피자잖아요. 즉석으로 구워주는 데다 가격은 반, 양은 두 배니 손님들이 이렇게 줄을 서서 기다리죠. 헤헤."

오영광의 물음에 남인교가 주위 사람들까지 들릴 정도로 큰 소리로 대답했다.

"엄마, 언제까지 기다려야 돼? 딴 데 갔다가 오면 안 돼?"

"안 돼. 우리가 가버리면 다른 사람들한테 밀려서 또 줄을 서야 해."

기다리기가 짜증스러워 투덜대는 아이를 달래느라 엄마의 이마엔 송골송골 땀까지 맺혀 있었다.

"왜 저렇게 고객을 기다리게 하죠? 커피전문점처럼 진동벨을 나눠주던지 문자 등으로 피자가 나온 것을 알려주면 안 되나요?"

"그러게요. 좀 답답하긴 하네요."

"이거 원, 개선해야 할 점이 한두 가지가 아닌데요."

오영광은 남인교와 함께 누리마트 미래점의 전 층을 돌며 개선사항을 꼼꼼하게 메모했다. 그리고 점심시간을 이용해 8층의 옥상정원에 모여 원대한과 정해진이 조사한 내용도 함께 이야기를 나눴다.

"자, 그럼 다시 출발해볼까요?"

오후 근무가 시작되자 미래전략팀은 간단한 체조로 몸을 푼 후 다시 파이팅을 외쳤다. 아직은 첫날이라 그런지 힘들다는 느낌은 들지 않았다. 오히려 책상에 앉아서 노트북만 노려볼 때와는 달리 몸과 마음이 살아 있다는 느낌이 들어 기분까지 상쾌해졌다.

"어서 오십시오. 찾으시는 게 있으신가요?"

가전코너를 돌아보던 중 오영광은 자신의 오피스텔에 두고 쓸만한 블루투스 스피커가 있는지 슬쩍 살폈다. 50대로 보이는 여성 판매사원이 친근한 말투로 오영광에게 다가왔다. 다행히 직원은 오영광을 알아보지 못했다.

"아, 네. 블루투스 스피커를 하나 사려고 하는데…"

"브, 블…루투스 스피커요? 잠깐만요, 제가 한번 알아보겠습니다."

판매사원은 다른 고객과 상담중인 젊은 판매사원에게 가더니 한참 만에 다시 돌아왔다.

"저 고객님, 이게 블루투스 스피커라는데요."

"네, 압니다. 더 다양한 모델들을 볼 수 있을까 해서 문의 드린 겁니다."

"아, 진열되지 않은 모델을 찾으시면 상품안내책자를 보시면 됩니다. 저를 따라 오시겠어요?"

판매사원은 오영광을 가전코너 제일 끝에 위치한 가전 전문 상담데스크로 데려갔다. 데스크에는 고객들이 가전을 검색하기 쉽도록 여러 대의 단말기가 갖춰져 있었다. 판매사원이 상품안내책자에서 추천할 만한 블루투스 스피커를 찾는 동안 오영광은 적당한 제품을 검색했다.

"저기요, 이게 괜찮겠는데 구매할 수 있는지, 가격은 얼마인지 좀 알 수 있을까요?"

"네, 잠깐만요. 제품번호가….."

판매사원은 메모지를 가져와서 제품번호를 옮겨 적었다. 그러고는 휴대전화를 꺼내 여기저기에 제품 문의를 하며 좀 알아봐달라고 부탁을 했다. 오영광은 고개를 갸웃거렸다. 직원용 단말기로 검색을 하거나 회사 컴퓨터에 접속해 간단한 전산입력만으로도 확인할 수 있는 것을 왜 시간과 노력을 들여 어렵게 하는 것인지 선뜻 이해가 가지 않았다. 마치 디지털 시대에 아날로그 방식으로 일을 하는 것과 같지 않은가.

"저 혹시 이번에 본사에서 내려오신 분 아니세요?"

가전코너 주임이 황급히 뛰어와 아는 체를 했다. 그러고는 판매사원에게 저쪽으로 가 있으라며 눈짓을 했다.

"네. 블루투스 스피커를 사려고 알아보던 중이었습니다."

"아, 그러세요. 혹시 찾으시는 기종이 있으신가요?"

"저 판매사원분께 이미 말씀을 드렸습니다. 그런데 여긴 직원용 단말기 등 전산시스템을 활용하지 않고 일일이 전화로 확인을 하는 모양이죠?"

오영광의 질문에 가전코너 주임은 무슨 말이냐며, 다들 전산시스템을 적극적으로 활용하고 있다고 했다.

"그럼 아까 저 분은 왜?"

"아, 그게 사실은…."

가전코너 주임은 난감한 표정을 짓더니 이내 포기한 듯 사정을 털어놨다. 미래점 판매사원들 중 나이가 많은 사람들은 새로운 기기에 대한 두려움이 크다며 이해를 부탁한다고 했다.

"전산시스템에 대한 직원교육을 따로 하지 않나요?"

"어휴 당연히 하죠. 근데 아무리 교육을 해도 힘들어하는 분들도 있고, 아예 배우려고 하지 않는 분들도 있어요. 이건 우리 미래점만의 문제는 아닙니다. 아날로그 세대들이 물갈이가 되지 않는 한 그냥 그러려니 해야죠."

전산 시스템을 활용하지 않는다는 이유로 직원을 해고할 순 없지 않느냐며 한숨을 내쉬었다. 게다가 나이가 많은 직원은 대부분 지역 토박이다 보니 인맥으로 고객을 유치하기도 한다고 했다.

"문맹이 따로 없군요."

오영광은 언젠가 책에서 본 구절이 생각났다. 과거에는 '읽지도 쓰지도 못하는 사람'을 '문맹'이라고 불렀다면 21세기는 성인이 되어서도 더 이상 배우려 하지 않는 사람이 '문맹'이라는 것이다. 열심히 하는 것도 좋지만 성과를 내기 위해서는 제대로 잘하는 것이 더 중요하다. 조총을 손에 쥐고도 사용법을 몰라 활과 창만으로 전쟁을 한다면 어찌 그 전쟁에서 이길 수 있으랴.

04
모든 사자가
살아남는 건 아니다

"드디어 한바탕 전쟁이 일어나겠군요. 하하."

출장에서 돌아온 최고수는 기획회의에 제출할 문서를 살펴보며 유쾌하게 웃었다. 말이 기획회의이지 지난 회의에서의 일방적인 패배에 대한 미래전략팀의 멋진 반격이 예상됐던 것이다.

"우리가 처음부터 너무 세게 나가는 건가요?"

오영광은 잠시 뒤에 있을 회의에서 사람들이 강하게 반발하면 어쩔까 염려가 된다고 했다.

"전혀 아닙니다. 암 환자가 건강해지기 위해선 암 덩어리를 도려내는 고통을 견뎌야 합니다. 고통스럽다고 피했다간 결국 죽음에 이를 수밖에 없습니다."

"미래점이 그 정도로 심각한가요?"

현장을 돌며 느낀 문제점을 조목조목 지적해두긴 했지만 사실 그건 미래점만의 문제는 아니었다. 어느 할인마트든 그 정도 관행과 문제점은 존재하지 않던가.

"다른 사람이 암에 걸렸다고 해서 내가 암에 걸린 것이 아무렇지 않은 일일까요?"

"그건 아니지만…."

"통증은 우리 몸에 문제가 발생했다는 경고의 신호입니다. 조직도 몸과 마찬가지로 문제의 발생에 대한 경고신호가 있답니다. 미래점은 이미 오래전부터 고객이탈, 매출하락 등으로 경고를 해왔습니다. 하지만 그것을 아예 느끼지 못했거나 느꼈더라도 애써 무시해왔죠. 인정하면 불편하고 고통스런 일들이 뒤따를까 겁이 난 거죠."

산업의 변화를 알리는 경고 신호인 '통증'을 느낄 수 있어야 조직은 계속해서 성장하고 발전할 수 있다는 최고수의 말에 오영광은 고개를 끄덕였다.

"그런데 그냥 우리의 분석을 토대로 최적의 솔루션을 찾아 직원에게 어떻게 할지를 지시하는 것이 더 빠르고 편하지 않나요? 괜히 그 배경까지 설명하려다 보면 반발만 생길 테고, 그럼 결국 시간과 에너지만 더 소모하게 될 텐데."

정해진은 쉽게 갈 수 있는 길을 왜 어렵게 둘러서 가려는지 이해가 안 된다고 했다.

"변화와 혁신은 기존의 관행이나 질서를 바꾸는 것이라서 낯설고 불편할 수밖에 없어요. 그래서 반발은 자연스러운 현상이랍니다. 당장 반발하느냐, 지시를 따르다 이건 아니라며 중도에 반발하느냐의 차이죠. 게다가 무작정 이렇게 저렇게 바꾸고 변해야 한다면서 일방적인 지시를 하는 것은 되레 더 강한 반발을 불러와서 변화와 혁신을 가로막는 꼴이 된답니다. 반발과 저항을 최소화하기 위해서는 왜 변화와 혁신이 필요한지를 구성원이 스스로 깨닫게 해야 합니다. 이것은 느린 듯 보이지만 결과적으론 더 빠르고 바람직한 결과를 가져오죠."

"음, 무슨 말씀인지 알겠어요. 말을 물가로 억지로 데려갈 순 있지만 결국 물을 마시는 건 말의 의지다, 이 말씀이시죠?"

"에고, 피할 수 없는 일이라면 즐겨야죠. 자, 이제 우리 다 같이 미래점을 치료하러 가볼까요?"

남인교와 원대한도 최고수의 뜻을 이해했다며 씨익 웃었다.

"교육? 시스템? 아니 우리가 뭘 얼마나 잘못했다고 우릴 가르

치려 들어!"

회의가 시작되자마자 여기저기서 미래전략팀을 공격하는 말들이 거세게 쏟아져 나왔다. 지난 며칠 동안 매장 곳곳을 휘젓고 다니며 묻고 따지고 하더니 결국 이러려고 그랬냐는 것이다.

"굴러온 돌이 박힌 돌 뺀다더니 딱 그 짝이군. 도대체 당신들이 우리 미래점에 대해 알면 얼마나 안다고 이따위 모욕질이얏!"

점포개발팀 팀장은 아예 삿대질까지 하며 적대감을 노골적으로 표현했다.

"감정적으로 대응할 문제가 아닙니다. 자존심을 내세울 문제는 더더욱 아니지요. 미래점, 아니 누리마트가 없다면 저도 여러분도 없습니다."

"쳇, 회사가 어디 여기뿐인가."

최고수의 중재에 어디선가 회사를 옮기면 그뿐이라는 투덜거림까지 들려왔다.

"물론 다른 회사로 갈아타면 되겠지요. 하지만 내가 바뀌지 않는다면 새로 옮긴 회사에서도 똑같은 문제가 발생할 겁니다. 사공이 잘못된 방향으로 노를 젓거나 노 젓기를 게을리 한다면 배는 결코 원하는 방향으로 가지 않습니다. 그것은 배를 바꾼다고 해결될 문제가 아니란 걸 여러분들도 잘 알 겁니다."

최고수의 말에 사람들은 여전히 투덜거렸지만 더 이상 거칠게 항의하지는 않았다.

"최근 들어 매출이 조금 떨어지고 있다는 것 말고 우리 미래점은 지금껏 아무 문제도 없었습니다. 오히려 전국의 누리마트 평균 매출보다 웃도는 수준입니다. 그런데 마치 이 보고서는 우리 미래점이 내일 당장이라도 폐기처분 될 수준의 골칫덩어리 매장이라고 말하고 있습니다. 이건 지금껏 이곳을 지켜온 우리 모두에 대한 모욕입니다."

"맞아요. 1년 전이나 지금이나 우린 여전히 열심히 움직이고 있는데 도대체 뭐가 문제란 거죠?"

예상대로 사람들은 미래점에 문제가 발생했다는 것을 감지하지 못하거나 감지했다고 하더라도 그것을 별일 아니라며 부정하고 있었다.

오영광은 대답 대신 스크린에 차트를 띄웠다. 지난 5년 간 누리마트 미래점의 매출 현황과 변화를 분석한 도표였다.

"이 도표를 보면 알 수 있듯이 작년 1월부터 지금까지 1년 이상 우리 누리마트 미래점의 매출이 점점 하락하고 있습니다. 그리고 지난여름 이후 결국 경쟁사인 행복마트에 지역 1위의 자리를 내주게 됐습니다. 물론 여러분 말씀처럼 그 하락폭이 크지 않아 이 위기가 당장 피부로 와 닿지 않을 수 있습니다."

"그건 지난 회의 때 다 봤던 거잖아요. 누가 매출 떨어지고 있는 거 모르나요? 근데 그건 경기가 워낙 안 좋으니…."

이번에도 오영광은 대답 대신 경쟁사인 행복마트의 매출을 분석한 도표를 띄웠다. 사람들은 예상했다는 듯 콧방귀를 뀌었다.

"경기가 안 좋다면서 왜 경쟁사인 행복마트는 매출이 오르느냐 이거죠? 막말로 그걸 우리가 어떻게 알아요? 그걸 알아내라고 당신들이 온 거잖아요."

영업팀장은 미래점의 단점만 찾으려 하지 말고 경쟁사의 장점을 찾아 벤치마킹할 생각을 좀 하라며 오히려 미래전략팀을 몰아붙였다.

"자, 그렇다면 이 차트를 한번 보실까요?"

오영광은 동요하지 않고 차분히 다음 자료를 스크린에 띄웠다. 자료를 본 최고수가 만족스런 미소를 지었다. 특별한 지시 없이도 팀원들이 합심하여 꼼꼼하게 준비한 것이 대견했다.

"이것은 지난 10년 간 우리나라를 비롯해 유럽, 미국, 일본 등지에서 소리 소문 없이 사라진 기업의 연간 매출을 기록한 도표입니다. 이 중에는 우리처럼 업계 1위를 지키던 기업도 있습니다. 이들의 매출 하락폭을 자세히 보면 우리와 너무나 닮아 있습니다. 초기 3년간은 서서히, 자신들도 그것이 위기인지 인지하지 못할 정도의 폭으로 하락했습니다. 그러다가 4년 차부터 그 폭이 점차 커지고 7년차부턴 누가 봐도 티가 날만큼 급격하게 하락하고 맙니다."

"걱정이 너무 지나치시네요."

"그래요. 저건 너무 심한 비약입니다. 매출 조금 떨어졌다고 우리 누리마트가 망하다니요!"

불편한 진실 앞에 사람들은 논리적인 반박 대신 절대 그럴 수 없다며 감정적으로 대응했다.

"두 마리의 개구리가 있습니다. 한 마리는 아주 뜨거운 물에 집어 던지고, 또 다른 한 마리는 온도가 서서히 올라가고 있는 아주 미지근한 물에 집어던집니다. 과연 누가 죽고 누가 살까요?"

이번에는 최고수가 사람들에게 짧고 간단한 질문을 던졌다.

"그야 당연히 뜨거운 물에 넣은 개구리가 죽고 미지근한 물에 넣은 개구리가 살죠."

수산코너 직원이 뭘 그렇게 당연한 걸 묻느냐며 피식거렸다.

"과연 그럴까요? 뜨거운 물에 던져진 개구리는 화들짝 놀라며 바로 뛰쳐나옵니다. 변화에 재빨리 대응한 덕분에 목숨을 건진 것이죠. 반면 미지근한 물에 던져진 개구리는 그다지 불편함을 느끼지 못해 그냥 헤엄치며 놉니다. 아주 신이 났죠. 그런데 물의

온도는 서서히, 아주 서서히 올라가고 있습니다. 그럼에도 개구리는 그 사실을 잘 느끼지 못합니다. 그래서 결국은 그 안에서 죽고 맙니다."

"…"

잠시 침묵이 흘렀다.

"여러분은 어떤가요? 지금 우리 누리마트 미래점을 둘러싼 외부의 변화를 느끼시나요? 만약 그렇지 않다면 여러분은 미지근한 물 안에서 온도가 서서히 올라가고 있다는 것을 감지하지 못하는 개구리와 다를 바 없습니다. 변화를 느끼지 못하면 결국 그 변화에 잠식돼 죽습니다. 미련하고 둔한 개구리처럼 말이죠."

"허흠!"

불편한 듯 회의장 여기저기서 헛기침이 새어나왔다. 최고수는 말을 이었다.

"온도가 올라가고 있다는 것을 신속히 감지하고 재빨리 탈출했다면 개구리는 살 수 있었습니다. 조직도 마찬가지입니다. 조직의 생존, 나아가 성장과 발전을 바란다면 환경의 변화를 빠르고 정확하게 알아내야 합니다. 그리고 이 변화에 발 빠르게 대응해야 합니다. 지금 여러분처럼 조직을 둘러싼 환경이 어떻게 변하고 있는지, 그래서 우리가 어떤 위기에 직면해 있는지조차 감지하지 못한다면 우리가 이 기업들처럼 되지 말란 법은 없습니다. 회사가 사라지면 우리도 없습니다."

최고수는 오영광이 스크린에 띄워놓은 자료를 가리키며 단호한 표정으로 말했다.

"그래서 어쩌라고요? 세상이 변하는 것을 잘 감지하지 못해 우리 미래점이 매출하락이라는 위기의 상황에 놓였다고 칩시다. 그래서 뭘 어떻게 해야 한다는 해결책을 제시해주셔야죠."

"맞아요. 그런 지적이야 입 뚫린 사람이면 누구라도 할 수 있는 거죠."

최고수의 말에 고개를 끄덕이며 수긍하는 사람들도 있었지만 더러는 해결책을 제시하라며 따지듯 말하는 사람도 있었다. 최고수는 그제야 얼굴 가득 만족스런 미소를 띠었다.

"왜 뛰어야 하는지를 알고 뛰는 것과 모르고 뛰는 것의 차이는 큽니다. 이제 여러분은 왜 뛰어야 하는지 느끼고 깨달으셨으니 그 마음 그대로 힘껏 뛰면 됩니다. 변화와 혁신을 위해 고감도 안테나를 쫑긋 세우시고, 세상의 변화를 읽으려 노력하시면 됩니다."

"아니, 그러니까 어떻게 뛰냐고요."

사람들의 말은 한결 누그러져 있었다. 오영광은 그 모습을 지켜보며 어쩌면 그들은 진심으로 변화의 방법을 묻고 있다는 생각이 들었다.

"우선은 여러분 주위에 일어나는 변화에 관심을 가져보세요. 고객의 소비 트렌드, 유가 변동, 정부 정책의 변화, 무역협정, 출산율, 법률의 제정 등 무수히 많은 세상의 변화에 관심을 가져보십시오."

"아니, 그러니까 어떻게요? 그런 것을 알기 위해 우리가 어떻게 해야 하느냐고요."

이번에는 청과코너 직원이 아예 앞으로 바짝 다가와서 물었다.

"어렵지 않습니다. 인터넷, 신문, 잡지, 책, 뉴스, 그리고 동료들과의 대화를 통해 다양한 간접경험과 신지식을 얻으세요. 그리고 변화를 감지하고 대응책을 세우는 겁니다. 예컨대 인터넷을 통해 홀로 거주하는 노인세대가 늘고 있다는 정보를 얻었다면 우선 관찰해보세요. 우리 매장에서, 그리고 여러분 주위에서 그분들이 어떻게 생활하고 계신지를. 그리고 우리 누리마트 미래점에서 그분들을 고객으로 모시기 위해, 그리고 그분들에게 더 큰 만족감을 주기 위해 무엇을 어떻게 해야 할지 생각해보십시오. 그것이 변화를 감지하고 대응하는 방식입니다."

"쩝, 그리 어려운 건 아니네요."

회의의 시작과는 달리 마무리는 나름 훈훈했다. 회의장을 빠져나오며 오영광은 최고수를 힐끔 쳐다보았다. 그는 지금껏 책상만을 지켜왔던 자신과는 확연히 다른 무언가가 있었다.

"팀장님, 오늘 퇴근 후에 뭐 하세요? 오늘 별일 없으시면 저랑 술 한 잔 하실래요? 제가 쏠게요."

회의가 끝난 후 다시 사무실로 돌아오던 중, 남인교가 최고수에게 바짝 다가서며 애교스럽게 물었다.

"어휴, 닭살."

뒤따라가던 정해진이 온몸을 부르르 떨며 강하게 거부감을 표현했다.

"하하. 친근함을 표현하는 건 좋은 거죠. 난 노력해도 잘 안 돼서 저런 붙임성 있는 성격이 부럽던데. 헤헤."

오영광은 요즘 들어 부쩍 인간관계에 대한 고민이 많아졌다. 사무실에서 혼자 서류만 만들 때와는 달리 현장에서 여러 사람들과 부대껴야 하는 상황이 되니 말 한마디라도 친근하게 하는 것도 기술이라는 생각이 들었다.

"아, 어쩌죠. 저 매주 화요일, 목요일은 프랑스어 개인 레슨이 있어요."

"헐, 프랑스어도 배우세요? 프랑스 이민 가시게요?"

남인교가 의외라는 듯 눈을 동그랗게 뜨곤 물었다.

"아, 아니에요. 이민은 무슨."

"그럼 왜?"

정해진도 궁금한지 두 사람 가까이로 다가가 물었다.

"다들 알고 계시겠지만 요즘 SPA 패션이 잘나가고 있잖아요. 프랑스에 본사를 둔 K 브랜드도 우리나라의 대도시에 이어 작년 부터는 중소도시까지 진출을 하고 있어요. 가뜩이나 우리 마트에서 의류 관련 코너가 죽을 쑤고 있는데, 조만간 K 브랜드가 우리 마트 옆에 들어온다잖아요. 아마 그렇게 되면 우리 의류 코너는 회생 불능에 빠질지도 몰라요."

최고수의 말에 원대한은 자신도 그 정보를 들었다며 아는 체를 했다. 그런데 그것과 프랑스어를 배우는 것이 무슨 상관인지 잘 모르겠다며 고개를 갸웃했다.

"변화를 인지하고 문제를 파악했다면 대책은 항상 문제가 커지기 전에 세워야 합니다. 그래서 K 브랜드와 관련된 자료들을 수집하고 분석하고는 있지만, 기왕 하는 것 제대로 해볼까 해서 퇴근 후 남는 시간을 활용해 프랑스어를 배우고 있습니다."

"굳이 그럴 필요가 있을까요? 그냥 프랑스어 잘하는 분께 번역이나 통역을 맡기시면 되지."

오영광도 선뜻 이해가 안 된다며 고개를 갸웃했다.

"너무 심각하게 생각하지 마세요. 그냥 무료한 올드싱글의 고상한 취미 정도로 여겨주세요. 하하."

"그럼 이번 주말엔 뭐 하세요? 그때라도 저랑 한 잔 하면 안 될까요?"

남인교는 오늘 회의에서 보여준 최고수의 모습이 너무나 멋져 보였다며 더 많은 이야기를 나누고 싶다고 했다. 표현이 다소 오글거리긴 했지만 맞는 말이다. 오영광도 최고수와 더 많은 이야기를 하고 싶었다.

"토요일엔 독서토론모임이 있어서 거기에 나가봐야 해요. 일요일은 시간을 낼 수 있는데 괜찮겠어요?"

"물론이죠. 저야 늘 퇴근하면 텔레비전과 혼연일체가 돼서 지내니까요. 이번 주말엔 여친도 안 온다고 하니 팀장님이랑 놀면 되겠네요. 헤헤."

남인교는 최고수와의 오붓한 술자리가 벌써부터 기대가 된다며 좋아했다.

"팀장님 너무 열심히 사시는 거 아니에요? 프랑스어에 독서토론모임까지. 회사에서야 일이니까 열심히 한다고 쳐도 퇴근 후엔 적당히 사세요. 옆에서 지켜보는 우리가 더 숨이 가쁘네요."

"맞아요. 너무 열심히 뛰는 사람이 옆에 있으면 우리가 상대적으로 게으르고 무능해 보이잖아요."

원대한의 말에 정해진까지 맞장구를 쳤다.

"아프리카에서 태어난 사자가 성체가 될 때까지 살아남을 확률이 몇 퍼센트나 될까요?"

"네?"

이건 또 무슨 뜬금없는 소리냐는 듯 모두들 걸음을 멈추고 최고수를 쳐다보았다.

"10퍼센트에 불과해요. 열 마리의 새끼 사자 중에서 다 클 때까지 살아남는 사자는 단 한 마리에 불과한 거죠."

"정말요? 그럼 나머지 아홉 마리는 성체가 되기 전에 다 죽는다는 건데, 이해가 잘 안되네요."

오영광은 아프리카 초원의 절대 맹수인 사자가 다른 동물들에게 잡아먹힐리는 없을 테고 어째서 그렇게 낮은 생존율을 보이는지 궁금하다고 했다.

"놀랍게도 사자의 70퍼센트가 굶어죽는대요."

"헉! 그게 말이 돼요? 사자가 굶어죽다니. 그것도 아프리카에서 말이죠."

"사자는 포유류 맹수 중에서 가장 성장이 더딘 동물이라고 해요. 태어나 성체가 되기까지 생존하기 쉽지 않다는 말이죠. 그래서 사냥을 할 때도 자신의 힘이나 속력을 맹신하기보다는 최선을 다해 사냥을 하죠."

최고수는 사자가 최선을 다해 먹이 사냥을 해도 성공확률이 불과 20~30퍼센트 정도라는 설명을 덧붙였다.

"성년이 될 때까지 살아남은 사자는 최고의 사냥 실력을 갖추기 위해 매일 피나는 노력을 했겠네요."

"그렇죠. 먹잇감을 감지하고 그것을 덮칠 최적의 타이밍을 잡기 위해 관찰하고, 이때다 싶을 때 날쌔게 덮쳐 잡아먹는 거죠. 이를 위해 평소 철저한 훈련과 준비를 할 테고요."

"에고, 우리 인간들만큼이나 사자의 삶도 고달프군요."

사자든 인간이든 무리에서 살아남기 위해 죽을힘을 다해 뛰어야하는 건 마찬가지란 생각에 오영광은 씁쓸한 미소를 지었다. 화려한 스펙과 입사성적 1위를 맹신하며 변화와 발전에 소극적이었던 자신은 과연 살아남은 10퍼센트의 사자에 속할 수 있는지 염려스런 마음이 들었다.

05

거친 파도가 저절로
헤쳐지는 것은 아니다

"뭐라고? 그게 정말이야?"

늦은 오후, 미래전략팀은 발칵 뒤집혔다. 디지털 기기 소품 기획전을 준비하다가 불량상품이 무더기로 발견됐기 때문이다.

"어제 기획전 준비할 때까지 아무런 말이 없었잖아요? 그런데 이게 무슨 날벼락이에요!"

원대한은 책상에서 벌떡 일어나 담당자를 부르라고 소리를 쳤다. 기획전을 준비하던 담당자들이 우르르 몰려왔다.

"저, 그게 물건을 뜯어보기 전까지는 저희도 불량인지 알 수 없어서…."

"그게 무슨 소리예요? 그럼 납품업체에서 그따위 물건을 보내왔다는 건데, 우리는 검수도 안 했어요?"

오영광도 화가 나서 직원들을 몰아붙였다. 이제 막 미래점의 부활을 위해 뭔가를 하려는 마당에 사고가 터졌으니 찬물을 끼얹은 셈이었다. 이미 몇몇 고객들이 기획전 물건을 사서 개봉했다가 문제를 발견하고 항의를 하는 중이었다.

"일단, 고객에게 정중히 사과드리고 빨리 매대 물건들 철수시키세요. 이런저런 변명은 늘어놓지 말고 무조건 사과하고 환불 조치하세요."

최고수는 어수선한 사무실을 바라보다가 상황을 수습했다. 뒤늦게 사무실로 들어온 점장의 얼굴은 붉으락푸르락 화가 잔뜩 나 있었다.

"구매담당 이 과장은 어디 있어요? 가장 책임져야 할 인간은 왜 안 보이는 거야?"

"이 과장님은 좀 전에 납품업체 사장이랑 점심 먹으러 가서 아직…."

"점심? 사고 친 업체와 사이좋게 점심이나 먹는다는 게 말이 돼! 빨리 연락해서 들어오라고 해요!"

점장이 소리치고 난리를 부리는 동안, 최고수는 팀원들을 회의실로 따로 불렀다. 회의실에 들어온 팀원들은 허탈함을 감추지 못했다.

"아니, 자기들은 잘 하고 있는데 괜히 우리가 와서 여기저기 들쑤시고 다닌다며 쏘아대던 사람이 이런 실수를 해요?"

"그러게 말입니다. 이게 어쩌다 한두 개 불량이 나온 게 아니라 대부분의 물건에 하자가 있었답니다."

"담당자가 돈 먹은 거 아니에요? 그렇지 않고서는 이런 일이 어떻게 일어날 수 있어요?"

"구매담당 이 과장이란 사람은 지난번 회의 때도 우리한테 막 삿대질하던 사람이잖아요?"

오영광은 정해진의 말을 듣자 이 과장이 생각났다. 그는 처음부터 미래전략팀을 탐탁지 않게 여겼다. 조용히 일하는 동네에 와서 들쑤시고 다닌다며 반감을 노골적으로 드러냈던 인물이다. 그는 고참이자 중간 간부로서 만만치 않은 영향력을 가지고 있었다.

"우선 사고 수습부터 하는 게 중요하니 현장에 지원해줄 수 있는 사람은 지원해주세요. 그리고 오 과장님은 남 대리님과 함께 이번 사고 원인에 대해 자세하게 알아보세요. 단순 실수가 이리도 큰 사고를 불러일으켰는지, 아니면 뭔가 다른 게 있는 건지 명확하게 밝혀봅시다."

"네, 알겠습니다."

오영광은 원인도 알아볼 겸 모두 현장으로 가자고 했다. 현장부터 수습한 뒤에 그곳 직원들에게 상황을 알아보는 게 낫겠다는 생각이 들었다.

한창 영업을 해야 할 시간에 판매대 물건을 치우고 주변을 정리하느라 매장 전체가 어수선했다. 오영광을 비롯한 미래전략팀 팀원들과 현장 직원들은 서둘러 매장을 정리했다. 어느 정도 수습한 오영광은 남인교에게 말이 좀 통할 듯한 직원을 불러 오라고 했다.

"어떻게 된 일이에요? 원래 검수도 하게 되어 있잖아요."

"그게 저….”

매장 직원은 두 사람의 눈치를 봤다. 자신이 입을 잘못 놀리다간 일이 어떻게 불똥을 튀길지 몰라 겁을 집어먹고 있었다.

"어차피 시간이 걸릴 뿐, 다 밝혀질 상황인 건 알죠?"

"그래요, 이러나저러나 다 알게 돼 있어요. 우린 지금 미스터 김을 추궁하는 게 아니라 두 번 다시 이런 일이 안 일어나도록 하자는 거잖아요."

남인교 대리는 그나마 현장 직원들과 비슷한 또래라는 이유로 친분이 제법 있었다. 어르고 달래며 매장 직원을 설득했다. 그러자 매장 직원은 조심스레 그동안 있었던 일을 털어놓았다. 이야기를 듣고 있던 오영광은 기가 막혔다. 물론 다른 사람의 이야기와 구매 절차 등 다각도로 상황을 파악해야 하지만 대충 짐작이 갔다.

새벽 2시의 거리는 고요했다. 밤늦게까지 한다는 작은 식당에는 누리마트 미래전략팀 말고는 손님이 남아 있지 않았다.

"그 양반, 결국 그렇게 사고를 치네요."

"더 정확하게 알아봐야겠지만, 지금까지 나온 이야기나 정황을 보면 결국 관행이 문제인 듯합니다."

여느 회식과 달리 팀원들은 술잔을 들고도 거의 마시지 않았다. 정해진은 서류 뭉치 하나를 가방에서 꺼냈다.

"아직 다 들여다보지 못했지만, 그동안 수의 계약을 했나 봅니다. 원래 입찰이 원칙인데 말이죠."

"수의 계약? 그럼 혹시 그 양반 뒤에서 장난쳤던 거 아니에요?"

"팩트만 봅시다. 또 다른 오해를 낳을 수 있는 말은 가급적 하지 말고요."

"예, 팀장님. 그냥 우리끼리라서 이야기해본 겁니다."

"제가 오늘 파악한 바로는 이 과장이 뒷돈을 받았다거나 장난을 쳤다기보다는 우리 팀에 대한 반격의 성격이 강했다고 봅니다."

오영광은 매장 직원들을 대상으로 면담을 하다가 이 과장의 평소 언행과 이번 기획전의 진짜 배경을 알게 됐다고 전했다. 오영광은 주머니에서 태블릿 PC를 꺼내 면담 중 메모한 내용을 찾아 최고수에게 보여줬다.

"그동안 우리에 대해 반감이 컸나 봅니다. 회의 때도 그랬지만 직원들에게도 공공연하게 '변화니 어쩌니 하는 게 괜히 설레발을 치는 거야. 자기들도 뭔가 해야 하니 저렇게 이것저것 들쑤시며 우리를 괴롭히는 거라고' 라며 선동 아닌 선동을 했더군요."

"그런데 이번 기획전이 무슨 반격이라는 것이죠?"

"알고 보니 기획전 대박을 터뜨려서 우리 콧대를 누르겠다고 했나 봐요. 그래서 평소 친하던 납품업체 사장한테 당장 기획전을 하겠다면서 무리하게 짧은 시간 안에 납품하라고 독촉했다더군."

구매 담당 이 과장은 미래전략팀에 대한 반발과 호승심으로 일을 추진했다. 자신이 다 책임을 지겠다면서 계약부터 검수까지 혼자 도맡아 처리한 게 그만 사고를 일으키고 만 것이다.

"음, 직원들의 반발은 예상했었죠. 변하는 과정에서 저항은 어쩌면 당연한 것이니까요. 당연한 것에 자꾸만 매달릴 수는 없죠."

"저항은 확실하게 진압해야 되지 않습니까? 본사에서 내려온 사람들을 이리 무시한다는 게 말이 되나요? 게다가 변하지 않으면 지금 미래점이 어떻게 될지 뻔히 알면서 말이죠."

"오, 남 대리님. 언제부터 그렇게 변화의 기수가 됐어요? 이제 아주 변화라는 단어가 입에 착착 붙는데요."

"아, 그게 아니라. 쩝."

무겁던 술자리는 정해진의 농담으로 잠시 숨통이 틔워졌다. 그때 최고수가 팀원들을 바라보며 다시 입을 뗐다.

"분위기를 다시 무겁게 해서 미안한데, 잠시만 이야기할게요. 지금 미래점은 상당한 변화와 혁신을 이뤄야 한다는 것은 다들 아실 겁니다. 그렇지만 무조건 변화를 강조한다고 저절로 변화와 혁신이 이루어질까요? 무엇보다 중요한 것은 변화관리입니다. 이번 사고에서 이 과장의 행태는 있을 수 없는 일이지만 이 또한 변화관리의 측면에서 대응해야 합니다."

"변화관리요?"

"네, 변화관리가 필요합니다. 전쟁이 터졌을 때, 무작정 총 들고 나가서 용감히 싸운다고 이길 수 있는 건 아니잖아요? 전투를 벌이려면 전략과 전술이 필요합니다. 시시각각 바뀌는 전쟁터의 상황과 정보를 파악하고 그때그때 대응을 해야 이길 수 있듯이 기업도 마찬가지라는 거죠."

최고수는 전투에서 승리하기 위해 발생 가능한 리스크를 파악해야 한다고 강조했다. 내부 준비가 철저하지 못하면 전쟁에서

지듯이 기업도 미리 변화관리를 해야 한다는 것이다.

"이렇게 변화관리를 통해 리스크를 최소화하고 중단 없는 혁신의 과정을 거쳐야 성공할 수 있습니다. 그렇기 때문에 이 과장의 실수를 개인의 일탈로 볼 게 아니라 변화관리의 측면에서 봐야겠죠. 그가 저항한 이유가 단지 우리에 대한 반발인지, 아니면 그동안의 관행 때문이었는지 등을 면밀히 분석해서 향후 대안을 마련해야 합니다."

"알겠습니다! 그런데 우리는 꼭 이렇게 술자리가 엄격 진지해야 합니까? 잠이 확 달아나네요."

"하하!"

남인교의 농담으로 자리를 마무리한 미래전략팀 팀원들은 각자 집에 가려고 가게를 나섰다. 저 멀리 바다의 내음이 묻은 바람을 맞으며 얼마 마시지 않은 술을 깨우던 오영광은 "깨똑!" 알림음에 스마트폰을 꺼냈다.

〈오과장님, 변화관리의 세계적 학자인 존 코터가 말한 '변화를 망치는 여덟 가지 실수'에 관한 내용을 링크로 보냅니다. 한 번 보세요.〉

최고수에게 온 메시지였다. 오영광은 링크를 눌러 내용을 살펴봤다.

"변화를 망치는 실수가 '자만심을 방치했다', '혁신을 이끄는 강력한 팀이 없다', '5분 안에 설명할 수 있는 비전이 없다', '비전을 전사적으로 전파하지 못한다', '방해물, 특히 무사안일주의 관리자를 방치한다', '단기간에 가시적인 성과를 보여주지 못한다', '샴페인을 너무 일찍 터뜨린다', '새로운 제도를 조직문화로 승화시키지 못한다' 등등이라고?"

오영광은 여덟 가지의 실수가 뜻하는 게 무엇인지 충분히 알 수 있었다. 어쩌면 별 다른 설명이 필요 없는 상식적인 내용이었다. 그런데 그 상식이 제대로 현실에서 적용되지 못하고 있다는 것이 문제였다.

최고수가 보내준 내용을 보다가 유독 '비전을 전사적으로 전파하지 못한다' 와 '방해물, 특히 무사안일주의 관리자를 방치한다' 는 내용이 눈에 들어왔다. 하루 종일 매장을 벌집 쑤시듯 뒤집어놓았던 일의 본질을 고스란히 표현한 듯했다.

회의실에 들어온 사람들의 표정은 무거웠다. 얼마 전에 벌어졌던 기획전 소동으로 인사징계와 더불어 사후 대책을 논의하는 회의라고 생각하고 왔으니 기분이 좋을 리는 없었다. 오영광도 최고수를 따라 회의실로 들어섰다. 이미 예상하고 들어간 것이지만, 기존의 미래점 간부들은 기가 죽어 있었다.

회의를 시작하기 전에 최고수는 오영광에게 조용한 목소리로 진지하게 당부를 했다. 구매 담당이었던 이 과장을 문책하고 변화를 강조하는 것이 강요로 보여서는 안 된다고 말이다.

"우리는 변화를 관리하고 추진하는 사람들입니다. 즉 체인지 에이전트Change Agent라는 것을 명심하세요. 이번 일을 가지고 누구의 콧대를 꺾었다는 식의 표현은 맞지 않습니다. 우리는 이 일을 터닝 포인트로 삼아 변화관리 프로세스를 보여줘야 합니다."

오영광은 최고수와 미리 준비한 브리핑 자료를 들고 회의에 참석했다. 최고수가 당부한 대로 누군가의 책임만을 묻고 따지는 게 아니라 다시 한 번 미래점의 비전과 변화 실행을 강조하는 내용으로 준비한 것이다.

"이제 미래점은 여러모로 변화의 중요성을 인지하고 있습니다. 현장 중심의 조직으로 바뀌기 위해서는 치밀한 변화관리가 필요합니다. 이에 따라 우리 미래점은 다섯 단계에 걸쳐 변화관리를 하고자 합니다."

오영광은 가장 먼저 변화의 필요성을 제대로 인식해야 한다고 말문을 열었다. 현재 미래점을 둘러싼 환경과 향후 대응 방안과 관련한 정보를 공유하고, 지금보다 더 의욕적인 목표를 설정해야 한다고 강조했다.

"그동안 미래 시에 먼저 진출했을 당시의 성과에 안주한 것에 대한 반성이 필요합니다. 따라서 새로운 목표를 설정할 필요가 있습니다. 그리고 이런 목표 설정은 경쟁업체와 비교하는 것도 좋은 방법입니다."

오영광에 이어 최고수가 마이크를 잡았다. 그는 헛기침을 몇 번 한 뒤에 미래점 직원들이 현장에서 얼마나 많은 노력과 최선을 다하는지를 몇몇 사례를 들어 이야기했다.

"이러한 현장의 노력이 제대로 결실을 얻기 위해서라도 새로운 비전을 만들고 서로 공유하는 것이 두 번째 단계입니다. 이제 회의도 단순한 실적 보고나 탁상공론이 벌어지는 게 아니라 모두가 공유한 목표와 비전의 공유가 이루어지는 시간으로 바뀌어야 합니다."

최고수는 잠시 뜸을 들인 뒤에 점장과 간부들을 바라보며 목소리에 힘을 실어 말했다.

"가장 중요한 것은 3단계입니다. 변하기 위해서는 당연히 변화의 리더십이 발휘되어야 합니다. 위에서 찍어 누른다고 변화가 이루어지는 것은 아닙니다. 지금부터 점장님을 비롯한 중간 관리자들은 '변화 추진자', 즉 체인지 에이전트라는 마음가짐으로 변화에 앞장서야 합니다."

'체인지 에이전트' 라는 익숙하지 않은 단어가 거론되자 회의실 곳곳에서 사람들이 수군거렸다.

"체인지 에이전트는 이른바 '완장 찬' 사람을 뜻하는 게 아닙니다. 앞서 말씀드렸듯이 변화를 강요하는 게 아니니까요. 변화 과정에서 조직원에게 힘을 실어주고 변화와 혁신의 문화를 전달하는 전파자에 가깝습니다."

회의실은 다시 조용해졌다. 잠시 후 새로 디지털 기기 구매 담당이 된 천 과장이 손을 들었다.

"물론 좋은 말씀입니다. 하지만 사람들은 익숙한 것을 좋아합니다. 사실 이런 이야기는 민감하지만, 제 전임인 이 과장도 나쁜 사람은 아닙니다. 갑자기 뭔가를 바꿔야 한다고 하니 그것을 닦달로 받아들이는 바람에 이번 사건이 생긴 것이라고 봅니다."

"충분히 이해합니다. 이 과장뿐만 아니라 여전히 많은 직원들이 미래점의 변화에 대해 걱정하고 있고, 심지어 불안해하는 분도 계실 겁니다. 그러나 변화가 누군가를 희생양으로 삼자는 게 아니지 않습니까. 어떻게든 모두를 설득해서 함께 가야죠. 그래서 변화에 대한 저항을 극복하는 단계가 중요한 것입니다. 그리고 마지막 단계인…."

회의를 마치고 사무실로 돌아오면서 오영광은 잠시 최고수에게 커피 한 잔 하고 들어가자며 옥상정원으로 데려갔다. 커피 한 모금을 마신 뒤에 먼 산과 바다를 바라보던 오영광은 바다 위에 떠 있는 배를 가리켰다.

　　"저 배는 아마 화물선인 듯한데, 이제 저 멀리 망망대해를 거친 파도를 헤치며 가겠죠? 아프리카로 갈까요? 남미로 갈까요? 아무튼 그 먼 길을 아무 탈 없이 가야될 텐데."

　　"그렇죠. 바다에서는 어떤 일이 벌어질지 알 수 없으니 쉬운 여정은 아닐 겁니다. 음, 혹시 지금 우리가 하는 일에 대해 뭔가 불안한 게 있나요?"

　　"역시 팀장님은 성함대로 고수이시네요. 어떻게 아셨어요?"

　　오영광은 회의 말미에 최고수가 말했던 내용을 다시 말하며 한숨을 내쉬었다. 최고수는 변화관리의 마지막 단계로 변화의 지속성을 어떻게 유지하느냐가 중요하다고 강조했다.

　　"좀 전에 회의에서도 말했지만 변하는 것보다 더 중요한 것은 사실 지속성을 유지하는 거죠. 이런 말이 있죠? 창업만큼이나 수성도 어렵다는 말. 저 배가 거친 파도를 헤쳐나가는 것도 한 번에 그치지 않겠죠. 목적지까지 가는 동안 여러 번 파도와 폭풍우를 만나지 않을까요?"

　　최고수의 말에 오영광은 고개를 끄덕였다. 아직 미래점이라는 배는 항구를 출발하지도 못했다. 또 그 배를 운행해야 하는 선원들도 준비가 덜 되어 있다. 그런데 변화의 지속성을 말하니 선뜻 공감하지 못했던 것이다. 그러나 이 또한 배가 망망대해로 나갔을 때 부딪혀야 할 문제였다. 당장은 고장 난 배부터 고치는 게 시급한 일이었다. 배가 바다에 뜬다는 이유만으로 안일하게 있는 선원의 의식부터 깨우고 새로운 문화를 만들어내야만 했다.

급격하게 변하는 외부 환경에 대응하기 위해 조직은 다양한 시도를 한다. 생존을 위한 치열한 혁신 프로세스를 추구하는 것이다. 그렇다면 우리 직장인들은 직장 내에서 어떻게 변화관리에 따른 생존전략을 구사해야 할까? 신시아 스콧과 데니스 제프의 〈개인 변화관리(Managing Personal Change)〉에 나온 네 가지의 방향을 살펴보자.

1. 현업에서의 경계를 넓혀라.

세상 모든 것과 경쟁해야 하는 오늘날, 국경도 이념도 중요하지 않다. 적과의 동침도 그리 이상한 일이 아니다. 당연히 개인에게도 내 일, 네 일이라는 경계선이 사라졌다. 타 부서의 업무협조에 내 일을 따지는 사람은 변화관리에 맞지 않는 사람이다. 적극적으로 협조하고 내 경계를 넓혀 해보지 않은 일이라도 과감히 시도해야 한다.

2. 주어진 업무 이상을 하라.

상사가 기대하는 업무 그 이상을 해야 한다. 시키는 것만 하는 사람은 변화의 시대에는 맞지 않는 사람이다. 상사가 업무를 지시했다면 그 업무의 의도를 알고 업무를 수행해야 한다.

3. 다방면의 재능을 발휘하라.

스페셜리스트^{specialist}를 최고로 칠 때도 있었다. 하지만 지금의 인재는 제너럴리스트

generalist도 되어야 한다. 다양한 면에서 사람들과 융합할 수 있고 협업과 소통을 하는 사람이 지금의 변화관리 시대에 맞는 사람이다. 한 분야의 전문성을 갖는 것도 중요하지만 사람들과 협업할 수 있는 재능과 정신을 갖는 것이 변화시대에 맞는 직장인의 생존법이다.

4. 유연하게 대응하라.

유연성flexibility은 사고의 융통성을 의미한다. 고정관념으로 뭉쳐진 사람이 아니라 타인의 생각과 의견을 쉽게 받아들이고, 이를 조합해내고 다시 내 생각을 더해 새로운 사고를 창출해낼 수 있어야 한다. 시대는 융합적 인재를 원하고 있다.

Part 02

거침없는
실행력으로
무장하라

현장의
힘

06
작심삼일의
개념을 바꾸다

"그런데 그게 과연 매출을 끌어올릴 수 있을까요? 독신자들, 특히 젊은 남자들은 대부분 돈을 더 주더라도 편의점을 이용하지 않나요?"

"조사를 해보니 5년 전 일본의 한 할인마트에서 시도를 했다가 몇 달 못하고 바로 접었더라고요."

"그래요? 그래도 그때보다 5년이나 흘러 소비성향도 많이 변했을 테고, 무엇보다도 이곳은 조선소 때문에 홀로 거주하는 청년들이 많으니 승산이 있지 않을까요?"

벌써 일주일째 미래전략팀의 기획회의가 이어졌다. 여러 제안이 나왔지만 이렇다 할 결론을 얻지 못했다. 오늘은 오영광이 제안한 독신자를 위한 쇼핑코너인 '심플라이프존'의 타당성에 대해 열띤 토론을 하고 있다. 그들은 오전 내내 심플라이프존을 만들고 허물기를 반복했다. 최고수는 이쯤에서 스톱을 외쳐주어야 할 것 같았다.

"평일 우리 매장을 찾는 독신 남성 고객의 수는 150명 정도이고, 그들의 1회 평균 구매금액은 약 5만 3,000원입니다. 그들이 주로 사는 품목은 1위가 ⋯."

최고수는 지난 2주 동안 현장을 조사하며 알아낸 자료를 보여주었다. 자료는 주말과 주중으로 나뉘어져 있었고, 하루 평균 매장을 방문한 독신 남성 고객의 수, 구매금액, 구매품목의 내용 및 순위까지 모두 나와 있었다. 동일한 방법으로 여성 고객도 함께 조사돼 있었다.

"아니 이걸 언제 다 조사하셨어요?"

"지난 2주 동안 혼자서 이걸 다 하신 거예요?"

"어떻게 조사하신 거예요? 사람들 붙잡고 일일이 물어보신 거예요?"

남인교와 정해진은 놀란 눈으로 모니터와 최고수의 얼굴을 번

갈아 쳐다보며 물었다.

"계산대에 계신 직원 분들께 협조를 부탁드렸습니다. 구매물품 등으로 독신자라 짐작되는 고객의 영수증을 따로 체크해달라고요. 이것은 2주일 동안의 영수증을 모아 데이터를 분석한 결과고요."

최고수는 오영광이 함께 장을 보다 제안한 독신자 장보기 코너가 신선하게 들렸다고 했다. 그래서 그것의 성공가능성을 타진해보기 위해 지난 2주간 매장에서 실질적인 조사를 한 것이다.

"기획은 실행을 전제로 하는 것입니다. 효과적인 실행이 전제되지 않은 모든 기획은 허상에 불과하죠. 기획이 현실에서 효과를 발휘하기 위해서는 기획 속에 현장을 담아야 합니다. 즉, 이렇게 탁상공론만 하며 할까 말까, 될까 안 될까를 고민할 시간에 현장에 직접 가보고 만나보고 적용해보고 의견을 들어보고 해야 합니다."

최고수의 말에 오영광은 지난 일주일 동안 자신이 중요한 것을 간과했다는 것을 깨달았다. 그의 입에선 옅은 한숨이 새어나왔다.

"무슨 한숨을 그렇게 쉬어요? 하하. 너무 복잡하게 생각하지 마세요. 혹시 이 얘기 아세요? 미국의 한 비누공장에서 있었던 이야기인데, 포장기계가 자꾸만 고장이 나는 바람에 비누가 들어가지 않은 빈 박스가 종종 나왔다고 해요. 그래서 경영진은 부랴 부랴 고가의 컨설팅 비용을 지불하고 문제해결을 의뢰했답니다. 그 결과 비싼 엑스레이 투시기를 들여놓기로 했죠. 이 모든 게 수십만 달러나 되는 비용을 지불해야 하는 것이었죠."

그 회사는 고가의 엑스레이 투시기를 주문했다. 그런데 그 기계가 들어오기 직전부터 불량률이 제로가 됐다고 한다.

"어떻게 제로가 된 줄 아세요? 알고 보니 갓 입사한 신입사원이 컨베이어벨트 위를 지나가는 박스에 대고 선풍기를 틀어놨다는 겁니다. 그러자 비누가 없는 빈 박스는 다 날아가 버렸죠. 이렇듯 문제해결을 위해 너무 거창하게 생각할 필요가 없습니다. 작은 아이디어, 혹은 직관만으로 방법을 찾을 수 있어요."

"팀장님 말씀처럼 일단 현장으로 가봅시다."

이번에는 원대한이 나섰다. 지금껏 유통본부에서 자신의 기획이 기발하다, 신선하다는 호평에도 불구하고 늘 실행의 단계에선 뒷전으로 밀렸던 이유가 바로 '현장'에 있었다. 지나친 계획과 준비, 그리고 무엇보다도 '달라야 한다', '특별해야 한다'는 압박감이 기획에 그대로 담기다 보니 현장과의 괴리감이 컸던 것이다.

"우선 샘플 부스를 만들어보는 건 어떨까요? 그리고 일주일 정도 홍보기간을 가지며 타당성을 평가해보는 거죠."

매장을 둘러보며 심플라이프존을 만들 공간을 살피다 오영광은 1층 푸드코트 옆의 빈 공간이 눈에 들어왔다. 기존의 공간을 비우고 새로운 코너를 만드는 것은 시간도 많이 걸리는 데다 자칫 고객들에게 혼란도 줄 수 있었다.

"그거 좋은 생각이군요. 선실행 후평가! 일단 시도해보고 상황을 지켜보며 수정 보완하도록 하죠."

"설문조사도 병행하도록 하죠. 독신자를 위한 쇼핑코너를 만들면 애용할 것인지, 어떤 상품이 준비되어 있으면 좋을지, 위치는 어디가 좋을지, 기타 바라는 상황 등을 조사해보는 거죠."

미래전략팀 팀원들은 매장을 돌며 서로의 아이디어를 공유하고, 실행을 위해 필요한 것들을 이것저것 꼼꼼히 체크했다.

독신자를 위한 쇼핑공간인 심플라이프존의 샘플부스가 기대 이상의 호평을 받자 최고수는 팀원들에게 정식 코너를 기획하라고 지시했다.

"이 부분을 좀 더 자세히 설명해야 하지 않을까요? 그리고 이건 표현을 좀 더 강하게 바꾸는 게 좋지 않을까요?"

"여기다 설문조사 내용을 첨부하는 게 좋을 것 같은데요."

샘플부스를 운영하던 일주일 동안 정식 코너에 대한 의견을 어느 정도 모아둔 터라 반나절 만에 의견수렴을 마쳤다. 그런데 정작 기획보고서를 만드는 데는 그 몇 배의 시간을 허비하고 있었다.

"의견이 잘 안 모아지세요?"

최고수가 팀원들에게 커피를 건네주며 넌지시 물었다.

"아뇨. 팀원들 의견은 진작 다 모아졌는데, 보고서를 만드느라 며칠 째 끙끙대고 있네요."

오영광이 답답하다는 듯 한숨을 내쉬었다.

"그거 누구 보여주려고 그렇게 정성스레 만드세요?"

"당연히 팀장님께…."

"전 여러분들께 기획을 하라고 했지 기획보고서를 만들어오라고 하지 않았습니다."

"네? 그게 무슨?"

최고수는 그 어느 때보다도 실행의 신속성이 중요한 상황에서 보고서를 만드느라 시간을 허비하는 것에 대해 지적했다.

"아무리 급해도 기획서도 없이 어떻게 일을 진행시킵니까?"

원대한은 누리마트가 무슨 구멍가게도 아닌데 형식과 절차를 모두 무시하고 일을 진행하느냐며 화를 냈다. 실행의 신속함도 중요하지만 조직에는 엄연히 보고체계가 있는데 그것을 무시해서야 되겠느냐는 말도 덧붙였다.

"미래점 개혁에 관한 모든 결정권을 우리 팀이 위임받았다곤 하지만 미래점 운영진의 적극적인 협조를 구하기 위해선 형식적이나마 보고서는 만들어야 한다고 생각합니다."

이번에는 오영광이 나섰다.

"맞는 말씀입니다. 하지만 보고를 위한 보고서는 필요하지 않습니다. 요란스런 준비물은 실행 속도를 내는 데 오히려 장애가될 뿐이죠. 우리가 집중해야 하는 것은 '고객을 위해 무엇을 바꿀것인가' 입니다."

최고수는 실행력을 높이기 위해서는 우선 실행을 방해하는 장애물부터 치워야 함을 강조했다. 그는 대표적인 장애물로, 쓸데없이 많은 서류의 반복과 재생산, 문서 중심주의 사고, 메신저를통한 잦은 업무 지시, 불필요한 준비물 등을 꼽았다.

"사무직에서 오래 근무하다 보면 느는 게 세 가지가 있다고 합니다. 자리에 오래 앉아 있다 보니 '체중과 뱃살' 이 늘고 말로만떠드니 '말주변' 이 늘고, 보고서와 품의서에 들어가는 '문장' 이는다는 겁니다. 굳이 보고서가 필요하다면 간략하게 한 장으로만드세요. 한 장이면 충분합니다."

"네? 그게 어떻게 한 장에 다 들어갑니까?"

정해진도 어이가 없단 표정을 지었다.

"우선, 불필요한 사실들부터 잘라내세요. 더 많은 자료와 사실을 나열한다고 좋은 보고서가 되는 것은 아닙니다. 중요한 문장이 아니라면 과감히 지워야 합니다. 그리고 과다한 정보도 잘라

내세요. 중복되는 표현은 과감히 지워야 합니다."

최고수는 빤한 내용, 반복되는 단어, 불필요한 부사나 형용사를 삭제함으로써 보고서의 분량을 줄일 수 있다고 조언했다.

"또 지나치게 자세하게 설명하지 마세요. 꼭 필요하다고 생각된다면 상대가 세부적인 내용을 요구할 때 제출해도 늦지 않습니다."

최고수는 보고서를 한 장으로 줄이는 요령에 대해 설명하면서 과감하게 문장을 삭제해갔고, 팀원들은 당황스런 표정으로 서로 눈치만 살폈다.

"보고서를 간략하게 한다는 것은 그만큼 명료해진다는 의미기도 합니다. 군더더기를 다 없애고 나면 정말 중요한 알맹이만 남는 법이니까요. 이런 알맹이 보고서는 보고를 받는 입장에서도 이해가 빠르고, 일을 실행하는 입장에서도 실행의 속도를 높일 수 있답니다."

최고수의 말에 오영광은 찬찬히 고개를 끄덕였다. 지금껏 그는 최대한 많은 정보를 담고 현란한 수식어가 사용된 멋진 문장을 사용하는 것이 가장 훌륭한 보고서라 믿었다. 그것이 경영진은 물론이고 일을 실행하는 현장에서의 이해를 높이는 것이라 여겼다. 그런데 그것이 외려 실행력을 늦추는 요인으로 작용되고 있었다니. 어쩌면 현란하고 반복적인 단어로 채워진 무거운 보고서는 자신의 지식을 뽐내기 위한 자기만족의 액세서리가 아니었나 하는 생각이 들었다.

"남 대리님은 책 다 읽었어요?"

정해진이 점심 식사 후 휴대전화 게임에 열중하고 있는 남인교에게 물었다.

"아, 내일 읽으려고요."

"오늘이 벌써 목요일인데 내일 하루 만에 그 책을 다 읽을 수 있겠어요?"

"아휴 그럼요. 그것 몇 장이나 된다고. 헤헤."

최고수의 제안으로 미래전략팀은 한 달에 두 번씩 정기적으로 독서모임을 갖기로 했다. 끊임없이 자기계발을 하지 않으면 능력도 감가상각이 돼 결국 조직에서 낙오되고 만다는 말에 다들 뜨끔했던 것이다.

"이 책 내용이 쉽지 않아서 생각보다 진도가 빨리 안 나가요."

오영광은 책을 한 차례 완독했지만 내용 파악이 쉽지 않아 한 번 더 읽어보는 중이라고 했다.

"난 이제 이 정도 남았으니 오늘 안으론 다 읽겠어요."

원대한도 첫 독서토론을 기대하며 여유시간을 이용해 짬짬이 책을 읽고 있었다. 남인교의 여유로운 태도에 다들 고개를 갸웃했지만 남인교는 쉴 때는 확실히 쉬어줘야 한다며 다시 휴대전화 게임에 빠져들었다.

"남 대리님, 책 안 읽으셨죠?"

"저, 그러니까 그게….."

토요일, 독서토론 당일이 되자 최고수는 남인교가 책을 읽지 않았다는 것을 단번에 눈치 챘다. 무안해진 남인교는 딱히 변명의 말을 찾지 못해 말을 얼버무렸다.

"어휴, 남 대리님, 미루고 미루다 결국 못 읽으셨구나. 점심시간에 조금씩만 읽어도 2주면 충분한 시간인데."

정해진은 한심하다는 표정으로 남인교를 쳐다보았다. 둥글둥글한 성격의 남인교는 사람들과의 친화력이 뛰어난 반면 업무 등을 처리할 때 논리적이고 합리적인 접근이 아닌, 좋은 게 좋은 것이다, 우리가 남이가라며 인정에 기대는 스타일이다. 게다가 결단력과 계획성이 부족해 주어진 일을 미루거나 작심삼일로 끝나는 일들이 많았다.

"그게, 주중엔 회사 일에 바빠서 금요일에 읽으려고 미뤄뒀는데, 미래 시에 놀러온 군대 동기 녀석이 내가 여기 있는 걸 어떻게 알았는지 연락을 해왔지 뭐예요. 책 읽어야 한다고 안 나갈 수도 없고, 원."

남인교는 갑작스런 군대 동기의 연락에 어쩔 수가 없었다고 말했다.

"그러니까 미리미리 읽어뒀어야죠."

"그러게요, 에효!"

성격 좋은 남인교는 팀원들의 질책에 연이어 한숨만 내쉬었다.

"폴 멕케나라는 베스트셀러 작가가 부자들의 성공요인을 조사했는데 여섯 가지 공통적인 태도가 나왔다고 해요. 그 중 하나가 '신속성'이라고 합니다. 부자들은 새롭게 구상하는 것이 있으면 24시간 이내에 바로 실행에 옮긴다고 해요."

"음, 부자들은 역시 다르군요. 24시간 내에 실행이라니."

최고수의 말에 원대한이 고개를 끄덕였다.

"굳이 부자가 되기 위해서가 아니라도 해야 할 일을 신속하게 하는 것은 성공과 성과창출을 위한 바람직한 습관 중 하나랍니다."

최고수는 의외로 많은 사람들이 결심만 할 뿐 실행으로 옮기는 것을 주저한다고 했다. 변화가 필요하단 생각에 책을 읽겠다, 운동을 하겠다, 술을 끊겠다고 결심만 해놓곤 매번 '내일부터'라며 미루기 일쑤라는 것이다.

"에효, 딱 제 이야기네요. 여하튼 죄송합니다. 괜히 저 때문에 토론 첫날부터 분위기만 흐리고.”

남인교는 자신 때문에 독서토론의 분위기가 흐려진 것이 미안하다며 머리를 긁적였다.

“저도 종종 그러는 걸요. 실행도 느린 데다 기껏 큰맘 먹고 실행에 옮겨도 작심삼일로 끝나는 게 대부분이에요. 헤헤.”

“그건 나도 그래요. 어떨 땐 3일이라도 하는 게 대견할 정도라니까. 하하.”

분위기가 어색해지자 오영광이 나섰고, 원대한도 거들었다.

“달리는 말이 속력이 떨어지면 어떻게 하죠?”

“그야 채찍을 휘둘러야죠.”

“사람도 마찬가지에요. 마음이 느슨해질 때쯤엔 자기경영의 골Goal을 때려야 합니다. 습관도 결국 오랜 훈련의 산물이거든요. 처음엔 작심삼일로 끝나지만 이것을 반복하다보면 작심육일, 작심구일이 되죠. 그렇게 122번 반복하면 1년 365일이 된답니다.”

“아하!”

최고수는 3일에 한 번씩 스스로에 대한 각성과 목표를 재확인하는 것을 반복하면 어느덧 1년 동안 좋은 습관을 유지하게 된다며, 작심삼일을 염려하기 보단 일단 시도한 후 반복하여 채찍질을 할 필요가 있다고 했다.

“명심하겠습니다! 일단 3일은 해보겠습니다. 하하하!”

"그럼 제가 잊지 않고 남 대리에게 3일에 한 번씩 채찍을 휘둘러 드릴게요."

남인교가 주먹을 불끈 쥐며 최초의 작심삼일을 선언하자, 오영광이 도울 것을 약속했다.

07

작은 성취의
힘을 깨닫다

한 달 만에 다시 찾은 서울은 어김없이 분주했다. 오가는 사람들의 걸음은 축지법을 쓰는가 싶을 정도로 빨랐고, 행동은 군기 바짝 든 훈련병이 연상될 정도로 날랬다. 겨우 한 달 떠났을 뿐인데 오영광은 서울의 공기가 무척이나 낯설게 느껴졌다.

"여보, 빨리 와."

할인마트에 도착한 아내는 물 만난 고기처럼 여기저기를 휩쓸고 다녔다. 오영광은 아내 나진솔의 분주한 걸음이 숨이 가빠 쉼 없이 이마에 맺힌 땀을 닦았다.

"좀 천천히 움직여. 누가 보면 죄 짓고 도망가는 사람인 줄 알 겠네."

"알았어. 잘 따라오기나 해."

나진솔은 오영광의 잔소리에 투덜댔지만 여전히 입꼬리가 귀에 걸려 내려올 줄을 몰랐다. 남편이 먼저 할인마트에 가자고 한 게 처음이라 여간 즐거운 게 아니었다.

"자기야, 우리 이왕 나온 거 저녁까지 여기서 해결하고 들어가 는 건 어때?"

나진솔은 근처에 괜찮은 일식집이 있다며 눈을 반짝였다.

"그래, 오랜만에 당신이랑 함께 하는데 오늘은 맛있는 거 먹 자. 내가 쏠게."

오영광은 아내와 떨어져 지내는 한 달 동안 그녀의 빈자리가 얼마나 큰지를 깨달았다. 평소 세심하게 마음 써주지 못했던 미 안함은 곧 고마움과 그리움으로 자라났다.

"이것 좀 먹어봐. 참 맛있네."

오영광은 아내의 접시에 소라무침을 놓아주며 씽긋 웃었다. 평소 해산물이라면 자다가도 벌떡 일어나는 아내였다.

"오, 당신 많이 드세요. 사실 이거 아까 음식 가져다주는 분 손 가락이 빠졌거든. 맛있다고 소문난 집이라 와봤는데 다신 안 와야겠어.”

소라무침에 직원의 손가락이 살짝 닿았다며 나진솔은 아예 접시째 오영광 앞으로 내밀었다.

“에이, 그 정도야 애교지. 난 지난주에 단골식당에서 저녁을 먹는데 국에서 머리카락이 나오더라고.”

“헐! 말도 안 돼. 그런 집을 그냥 나뒀어? 주인한테 한 소리 하지.”

“단골이라고 반찬도 많이 주고 그러는데 어떻게 그러냐? 그냥 다음부터 안 가면 그만이지.”

인심도 넉넉하고 가격도 싸 자주 들렀지만 위생에 신경을 덜 쓰는 바람에 손님들의 항의가 종종 있었다. 하지만 주인 할머니는 “먹고 안 죽는다”며 아무렇지 않게 넘기곤 했다.

“어휴, 그런 가게는 SNS에 올려서 경고를 좀 해야 해.”

나진솔은 맛집으로 소문난 식당이 음식에서 이물질이 연이어 발견돼 사람들의 발길이 뚝 끊긴 사례를 들며 아주 사소한 것을 소홀히 한 대가가 얼마나 엄청난지 들려주었다.

“요즘은 사람들의 의식 수준이 높아진데다 SNS까지 발달한 덕분에 아주 사소한 것이라도 소홀히 하는 기업이나 가게는 살아남을 수가 없어. 별것 아니라며 문제를 은폐하고 얼렁뚱땅 넘기려다 결국 소비자들의 분노를 사 불매운동으로 이어지고, 대형마트 등에서 매장이 철수당한 사례도 있잖아.”

"당신 말 들으니 우리 회사도 은근히 걱정이 되네."

오영광은 미래점에 내려온 이후 눈에 들어왔던 몇몇 문제점이 떠올랐다. 당장 크게 불편한 점이 아니라서 정식으로 건의를 하지 않았다. 하지만 아내의 말을 듣고 보니 지금 이순간도 그런 사소한 것들에 불편함을 느낀 고객들은 이탈하고 있을 것이다.

"사실 말이 나와서 말인데, 당신 회사 누리마트도 문제 많아. 오늘만 해도 계산대 직원의 불친절한 태도 봤지? 손님이 산 물건을 휙휙 집어던지다시피 하는 것 봐. 특히 내 가족이 먹을 음식을 집어던지는 건 정말 불쾌하고 화가 나."

나진솔은 그때의 불쾌함이 다시 떠오른다며 연신 씩씩거렸다.

"그거야 주말엔 손님이 많이 몰리니까 빨리 하려고 그런 거지."

"이래서 내가 당신한테 이런 얘기 안 한다니까. 누리마트 직원이 아닌 고객의 입장에서 바라봐야지. 그래야 제대로 보이지."

"아, 그렇지. 그럼 당신이 나보단 더 객관적일 테니 그동안 누리마트를 이용하며 불편했던 점들을 쭉 이야기해봐. 내가 출근해서 한번 꼼꼼히 체크해볼게."

오영광의 말에 나진솔은 그동안 쌓아두었던 불만을 봇물 터뜨리듯 쏟아냈다. 고객이 물건을 고르고 있는데도 불구하고 막무가내로 상품을 진열하는 것, 고객이 실수로 진열된 제품을 떨어뜨렸을 때 '네가 주워라' 는 식으로 직원이 빤히 쳐다만 보고 있는 것, 저녁시간대의 할인제품의 신선도 문제 등 서비스나 제품의 품질, 가격 등 다양한 면에서 지적을 했다.

"그리고 이건 정말 고쳐야 할 점인데, 하나를 사면 하나를 더 끼워주는 '원 플러스 원' 같은 파격적인 할인행사를 할 때 가격으로 장난을 치는 것 같더군."

"그게 무슨 말이야? 가격으로 장난을 치다니?"

"대부분 그런 제품은 평소에도 꾸준히 할인을 하는 제품이거든. 예를 들면 정상가가 2,000원인데 늘 1,300원으로 할인해서 파는 제품이란 말이지. 그런데 그것을 '원 플러스 원' 행사로 돌리면서 가격을 정상가인 2,000원으로 올려놓고는 마치 큰 선심이라도 쓰듯 광고를 한다는 말이지."

평소 꼼꼼히 영수증을 챙기고 훑어보는 나진솔은 그런 상품을 발견하면 자신이 사기를 당한 기분이 든다고 했다.

"그 기분 알 것 같아."

오영광은 아내의 조언을 메모하며 연신 고개를 끄덕였다.

미래 시로 돌아온 오영광은 이틀 동안 누리마트 미래점을 돌며 아내에게서 들은 정보를 일일이 확인했다. 아내가 지적한 대부분의 문제들이 미래점에서도 벌어지고 있다는 것을 확인한 오영광은 즉시 팀장인 최고수에게 이 사실을 보고했다.

"음, 이건 미래점 임원의 협조가 필요한 일이군요."

최고수는 점장에게 건의안을 보여주며 가격으로 눈속임하는 꼼수 할인정책의 시정을 요구했다. 고객서비스는 지속적인 소통 활동과 교육을 통해 개선한다지만 할인행사나 가격은 윗선의 허락 없이 마음대로 건드릴 수 있는 문제가 아니었다.

"이건 비단 우리 누리마트만의 문제는 아니지 않나요? 대부분의 대형 할인마트에서 이런 크고 작은 문제는 다 가지고 있습니다. 특히 가격할인행사 같은 꼼수는 다 씁답니다."

예상대로 미래점 점장은 업계관행을 핑계 대며 별일 아니란 듯이 말했다.

"다른 곳에서도 그런다고 우리의 잘못이 덮어지는 것은 아닙니다."

"잘못은 무슨! 다들 그런다잖아요. 무슨 말인지 이해가 안 가요?"

"고객은 우리가 생각하는 것보다 훨씬 더 스마트합니다. 눈앞의 유혹에 잠시 혹할 순 있지만 지속적으로 그들의 눈을 가릴 순 없습니다. 이 자료를 보세요. 고객들은 오래전부터 이 부분에 대해 의혹을 제기하고 개선을 건의하고 있습니다."

최고수는 미래점에서 자체적으로 개선하지 않는다면 본사에 정식으로 건의를 하겠다며 엄포를 놓았다. 최고수는 지난 3년 동안 특전사팀을 이끌며 각 매장들을 회생시킬 때 무엇보다도 고객과의 신뢰를 최우선 가치로 여겼다. 본사 역시 이러한 가치를 중요하게 여겨 지점들의 변칙적인 할인행사를 규제하고 있었다.

"험! 어차피 내가 반대해도 할 거면서 뭣 하러 내 의견을 물어요? 앞으론 뭘 하든 미래전략팀이 알아서 하세요. 대신 6개월 안에 우리 미래점을 반드시 지역 1위로 올려놓아야 합니다."

점장은 권리와 함께 책임까지 미래전략팀에게 떠넘기곤 오히려 홀가분한 표정을 지었다.

"이런다고 뭐가 달라질까요? 업계관행이라는 점장님 말씀처럼 우리 미래점 말고도 다른 지점에도 암암리에 일어나고 있는 일일 텐데."

오영광은 미래점 한 곳이 바뀐다고 누리마트 전체가 바뀌고, 나아가 할인마트의 고질적인 병폐가 사라지겠느냐며 회의적인 표정을 지었다.

"우리라도 달라져야죠. 큰 것을 무너뜨리는 것도 작고 사소한 것이지만 큰 것을 이루는 것도 결국엔 작은 시작에서 비롯됩니다. 큰 목표를 세분화해서 잘게 나누고 구체화된 실행지침을 만들어서 완료된 항목들을 일일이 체크하세요."

최고수는 고질적인 잘못을 고치는 일인 만큼 아주 세세한 부분까지 점검해야 함을 강조했다.

"현재 진행 중인 할인이벤트 가운데 기한이 명시된 것은 고객과의 약속이니 일단 그대로 진행하세요. 대신 이익이 줄더라도, 심지어 손해를 보더라도 할인율을 정직하게 적용하세요. 그리고 진행 중인 이벤트가 끝나면 고객과 미래점이 가장 만족할 수 있는 접점을 찾아 할인행사를 기획하도록 지시하세요."

최고수는 팀원들에게 각자의 역할을 알려주며 당장 실행하라고 했다. 갑작스런 가격변경 작업에 매장은 물론이고 영업팀에서도 반발이 심했지만 점장이 편을 들어주지 않으니 결국 미래전략팀의 지시를 따를 수밖에 없었다.

변칙적인 할인행사의 시정이 끝나자 최고수는 미래점 직원들의 서비스 마인드 향상에 박차를 가했다.

"이럴 경우 이렇게 하라고 일일이 매뉴얼을 정해둘 수도 없고 참 답답하네요."

외부 전문가를 불러 서비스 마인드 교육도 해보고 구체적인 지침도 만들어서 교육을 시켰지만 몇몇 직원들은 지침에 없는 상황에 직면했을 때 어떻게 해야 할지 모르겠다며 난감해했다.

"노자가 말하길, '큰 나라를 다스리는 것은 작은 물고기를 요리하듯 해야 한다'고 했습니다. 눈을 크게 뜨고 더 구체적으로 쪼

개세요. 직원들의 마음이 열려 진정으로 고객을 위하는 것이 어떤 것인지를 깨달을 때까진 무조건 디테일한 지침을 만들어 몸에 배게 해야 합니다."

최고수는 백 가지를 잘 해도 한 가지가 부족해 무너지는 것이 신뢰라며, 고객과의 신뢰를 유지하고 만족감을 주기 위해서는 항상 세부적인 것을 중시하고 모든 업무가 꼼꼼하게 관리되어야 한다고 강조했다.

"그러니까 이걸 이렇게 하라고요?"

"네, 바로 그거에요. 다시 한 번 해볼까요?"

오영광은 일주일 째 점심시간마다 가전코너 노 여사를 찾아 직원용 단말기를 비롯한 전산시스템의 활용법을 가르치고 있다. 안 된다고 포기하지 않고 매일 꾸준히 노력한다면 조금씩이라도 발전할 수 있을 것 같아서다.

처음 이틀간은 1분이 멀다 하고 줄이어 한숨이 터져 나왔다. 하지만 다행히도 사흘째 되는 날부터 조금씩 변화가 보이기 시작하더니 일주일이 되니 가장 기초적인 단계는 이해를 하는 듯 했다.

"어휴, 매일 나 때문에 과장님이 고생이네요."

"아니에요. 하루 10분이면 그리 부담스런 시간도 아닌 걸요. 그리고 무엇보다도 여사님이 매일 조금씩 발전하는 모습을 보니 흐뭇하고 좋아요. 하하."

노 여사는 나이가 있어서인지 다른 직원들처럼 능숙하게 전산을 다루려면 아직 갈 길이 멀었다. 하지만 태산을 옮기는 것도 작은 돌부터 날라야 하듯 습관을 바꾸고 배움을 얻는 것도 작은 것부터 시작해야 함을 알기에 오영광은 욕심을 내려놓고 작은 성공에 만족하고 있다.

"자, 그럼 제가 손님이라고 가정하고 제품을 검색해보세요."

"아, 그래요. 어서 오세요, 고객님. 어떤 제품을 찾으시나요?"

오영광과 노 여사의 하루 10분 교육은 늘 상황극으로 마무리된다. 노 여사가 실제로 제품을 검색해보게 하여 실전에서도 자신 있게 행동할 수 있도록 하기 위해서다.

"우와! 여사님, 점점 더 실력이 느시네요. 이 속도면 한 달 정도면 충분히 익숙해지시겠어요."

"정말이요? 나도 한 달 후면 젊은 직원들처럼 단말기를 능숙하게 잘 다룰 수 있다는 말이죠?"

노 여사는 상상만으로도 신이 난다고 했다. 사람들은 자신이 전산기기 배우기를 거부한다고 알고 있지만 사실은 그게 아니라고 했다. 자신은 그 누구보다도 새로운 기술에 호기심도 많고 배우고 싶다고 했다.

"그래서 이전에도 몇 번 전산교육을 받아봤어요. 그런데 다들 한 번에 너무 많은 것을 가르쳐줘서 힘들었어요. 내 이해 속도가 빠르지 않다는 것은 전혀 배려하지 않았어요."

노 여사는 조금씩 매일 꾸준히 배우는 것이 오히려 자신처럼 이해력이 느린 사람에겐 효과가 큰 것 같다며 오영광의 배려에 고마워했다.

"오늘도 노 여사님이랑 데이트 하고 왔어요?"

8층 옥상정원에서 책을 읽고 있던 최고수가 오영광을 보며 씽 긋 웃었다.

"네. 조금씩 실력이 느는 것 같아서 보람이 있네요."

오영광은 노 여사가 나이가 많은데다 그동안 하던 방식으로 영 업을 해왔기에 바뀔 수 있을지 걱정이 컸다. 그런데 조금씩 기술 을 익히게 되자 노 여사가 더 적극적으로 배우기 위해 노력하게 됐다.

"그게 바로 작은 성취의 힘이죠."

"작은 성취의 힘이요?"

"네. 모든 변화는 저절로 움직이는 '자가추진력Self--Propelling Power'을 가지고 있어서 아주 작은 변화가 또 다른 변화를 일으킨 다고 해요."

"아, 바로 저런 걸 말씀하시는 거죠? 하하!"

오영광은 옥상정원의 또 다른 테이블에서 열심히 책을 읽고 있는 남인교를 가리키며 웃었다. 하루면 책을 다 읽는다던 호언장담이 연이어 실패하자 남인교는 최고수의 조언대로 목표를 잘게 쪼개어 실행하기로 했다. 즉, 하루 30분씩 책 읽는 시간으로 정해 꾸준히 읽기로 한 것이다. 2주차에 접어들자 이제 남인교는 점심을 먹고 나면 당연한 듯 옥상정원에서 독서를 즐겼다.

08
미루는
습관은 병이다

6월이 되자 미래 시는 본격적인 휴가철을 대비해 여행객을 맞을 준비로 분주했다. 지역 상인들은 여행객의 발길을 잡기 위한 노천매장, 야간시장, 해변 쇼핑로 등을 준비했고, 누리마트를 비롯한 대형할인마트에서는 지역주민과 여행객이란 두 마리 토끼를 잡기 위해 기획 상품과 이벤트 및 각종 서비스 준비에 여념이 없었다.

"오 과장, 어때? 준비는 잘 되고 있지? 이번 제안을 자네가 했다며. 기대가 커."

점장은 지역 할인마트 중 단독으로 기획 중인 여행객을 위한 쇼핑공간 '웰컴미래'에 큰 기대를 걸고 있었다. 미래 시는 지난 몇 년 동안 전통과 현대적인 감각을 접목한 쾌적한 관광도시로 자리를 잡아가면서 추억을 더듬는 중년은 물론 젊은 세대들도 친구나 연인과 함께 미래 시를 찾는 일이 늘어났다.

"미래 시를 찾는 모든 여행객이 우리 누리마트에서 장을 본다! 오홋, 이 얼마나 환상적인 일이에요?"

"그러게요. 미래 시는 휴가철 외에도 꾸준히 여행객이 찾고 있는 도시라 이번 기획이 성공하면 우리 미래점의 매출도 크게 늘 것 같아요."

미래전략팀은 자신들의 기획이 크게 성공할 것을 기대하며 한껏 들떠 있었다. 그도 그럴 것이, 누리마트는 미래 시로 들어서는 입구에 위치해 있기에 여행객을 위한 특화된 쇼핑코너가 만들어지면 '반드시 들러야 할 곳'으로 인식될 가능성도 컸다. 이런 훌륭한 입지조건 외에도 여행객을 위한 쇼핑공간이라는 콘셉트도 고객의 입장에선 충분히 매력적이었다. 여행지에서 간편하게 식료품 등을 구매할 수 있으니 우선은 짐이 줄어든다. 짐이 간편해진 만큼 대중교통을 이용한 여행도 가능해지니 굳이 큰맘 먹지 않고도 길을 나설 수 있다. 여행이란 모름지기 훌쩍 떠나기에 좋아야 하지 않던가.

콘셉트가 좋은 만큼 서비스의 내용에도 더욱 신경을 썼다. 특별할인코너를 만들어 반품상품이나 포장불량상품들을 소분해서 저렴한 가격으로 판매하고, 유통기한이 임박한 식품은 50퍼센트에서 최대 80퍼센트까지 할인된 가격으로 판매한다. 각종 찌개류, 볶음류 등을 반조리 상태로 포장해 여행객의 편의를 돕고, 채소는 물론 각종 양념류도 소포장 단위로 판매하도록 했다. 또한 누리마트 회원인 여행객이 일정 금액 이상을 구매하면 아이스박스를 대여해주고, 장바구니 퀵배달 서비스를 통해 구매한 상품을 숙소까지 배송해주기로 했다.

"남 대리님, 장바구니 퀵배달 서비스에 도움을 줄 배달업체는 알아봤어요?"

"네, 알아보고 있습니다."

"서비스 품질체크와 단가협의까지 하려면 서둘러야 할 거에요."

여행객이 구매한 상품을 숙소까지 배달해주는 퀵배달 서비스는 남인교의 제안이었다. 대중교통이나 자전거를 이용한 배낭여행객에게 인기가 높을 것으로 예상되는 만큼 제 시간에 정확하게 배달해줄 믿을 만한 업체를 선정해야 한다.

"원 차장님은 반조리 제품들 공급해줄 업체도 섭외하셨죠? 다른 할인마트와 차별화될 수 있는 중요한 상품이니 미리 샘플 받아서 맛 점검하는 거 잊지 마세요. 정 대리님은 아이스박스 주문 넣으셨죠? 우리 회사 마크 넣는 거 꼭 확인하시고요. 그리고 오 과장님은 여행객에게 필요한 생필품과 식료품들 품목 뽑아서 각 코너에 소분 의뢰 하는 거 잊지 마세요."

갑작스런 출장 일정에 최고수는 마음이 바빴다. 부산 해운대점에서 최고수에게 급히 도움을 요청해 미래점이 준비 중인 여행객을 위한 쇼핑공간 '웰컴미래' 의 완성을 지켜볼 수가 없었다.

"모두의 기대가 큰 만큼 차질 없이 진행될 수 있도록 일정도 꼼꼼히 체크하세요."

다양한 서비스들이 결합된 데다 본사에서도 큰 기대를 걸고 있는 기획이라 최고수는 마음이 많이 쓰였다.

"어휴, 아직 2주나 남았는데 왜 저리 닦달이죠?"

"출장 때문에 옆에서 함께 하지 못하니 마음이 불안한 거죠."

"우리가 신입도 아니고 어련히 알아서 잘 할까. 걱정도 지나치면 병이라더니, 원."

최고수가 부산으로 떠나는 것을 확인한 미래전략팀 팀원들은 기다렸다는 듯 시원스레 기지개를 켜며 사무실 소파에 몸을 던졌다.

"아니, 3일 뒤면 바로 오픈인데 아직까지 아이스박스에 로고 작업을 안 하셨다는 게 말이 되요?"

정해진의 짜증스런 목소리가 사무실에 울려 퍼지자 오영광은 미간을 찌푸렸다.

"재료에 원산지 표기가 왜 안 돼 있어요? 원산지 표기 꼭 넣으라고 했잖아요. 그리고 된장찌개에 고춧가루 넣어서 샘플 보내달라니까 왜 아직 안보내세요?"

원대한의 짜증도 만만치 않았다.

"그 단가면 절대 윗선에서 결제 안 해줄 거예요. 물량 충분히 맞춰줄 테니 단가 좀 더 낮춰줘요. 퀵 비용이 그 정도면 우린 팔아도 남는 게 없다니까요."

남인교는 퀵 업체를 어르고 달래다가 그마저도 안 되니 갑자기 소리를 버럭 질렀다.

"어휴!"

'웰컴미래'의 오픈을 3일 앞두고 미래전략팀 팀원들은 발등에 불 떨어진 사람처럼 이리저리 전화를 해대며 목청을 높였다. 아비규환이 따로 없는 상황에 오영광의 입에선 절로 한숨이 터져 나왔다. 일정을 꼼꼼히 체크하라던 최고수의 말을 흘려들었던 대가가 이렇게 클 줄은 몰랐다.

"이게 도대체 무슨 일이에요!"

출장에서 돌아온 최고수가 사무실로 들어서며 팀원들의 쩌렁쩌렁한 고성에 놀라서 물었다.

"저, 그게….."

당장의 면피를 위해 숨기고 감출 문제가 아니란 걸 알기에 오영광이 먼저 상황을 고백하며 최고수에게 도움을 청했다. 나름 열심히 하느라고 했지만 어쩐 일인지 일정이 계속 어긋나고 있었고, 그러는 사이 오픈일은 사흘 뒤로 바싹 다가와 버렸다.

"결심은 누구나 할 수 있죠. 하지만 그것을 실행으로 옮기는 '시작'은 쉬운 것이 아니기에 많은 사람들이 이리 미루고 저리 미루며 시작을 망설이죠. 그래서 나온 말이 바로, '시작이 반이다' 라는 말입니다."

"…"

입이 열 개라도 할 말이 없다던 말이 이래서 나온 것인가 싶을 정도로 다들 눈만 끔뻑댔다.

"그런데 그리 어렵게 시작을 해도 그것을 매듭짓기까지 수많은 미룸과 망설임의 시간이 옵니다. 일을 시작하는 것도 어렵지만 그만큼 끝맺는 것도 어렵다는 말입니다. 어떻게든 되겠지, 시간이 이렇게나 많은데 그걸 못하겠어? 라는 안이한 생각이 결국엔 실행의 속도를 가로막습니다."

최고수는 주어진 일을 미루지 않고 제때에 처리하기 위해서는 강한 목적의식을 가져야 한다고 강조했다. 일을 미루고 싶거나 엄두가 나지 않더라도 반드시 이 일을 해야 한다는 강한 목적의식이 있다면 이러한 '하기 싫음'과의 전쟁에서 항상 승리한다는 것이다.

"강한 목적의식과 더불어 단계별 데드라인이 필요합니다."

"단계별 데드라인이요?"

오영광이 물었다. 눈치를 보기보단 적극적으로 배우는 게 낫겠다 싶었다.

"네. 일을 제때에 완료하기 위해서는 그 일을 언제부터 시작하겠다는 '개시 데드라인Starting Deadline'과 언제까지 끝내겠다는 '종료 데드라인Ending Deadline'을 반드시 정해두어야 합니다."

최고수는 프로젝트 진행과 같은 큰일은 물론이고 이메일 발송, 전화통화 등 간단하고 단순한 일에도 종료 데드라인을 활용하면 도움이 된다고 했다. 이어서 그는 종료 데드라인을 정하는 팁을 하나 들려주었다. 원래의 데드라인 일정이 있다고 해도 나만의 데드라인을 새롭게 정해놓으라는 것이다.

"6월 20일까지 제안서를 제출한다면 19일까지는 완성해야겠죠. 그런데 이때 나만의 데드라인을 그보다 2일 앞선 17일로 잡아놓으면 훨씬 여유로우면서도 정확하고 완벽한 제안서를 준비할 수 있습니다."

"아, 그거 좋은 방법이군요."

어쩐 이유에선지 늘 마감이 다가오면 일이 밀려 있다며 남인교는 자신도 아예 종료 데드라인 자체를 며칠 앞당겨 정해놓는 게 낫겠다고 했다.

"그리고 일의 원활한 진행을 위해 '중간 데드라인'을 만드세요. 중간 데드라인은 최종목표를 잘게 쪼개 최종 데드라인으로 역산해서 여러 단계의 데드라인을 만드는 것을 말합니다. 중간 데드라인을 만들어두면 최종 데드라인과 최종목표가 주는 압박감과 부담을 덜 수 있답니다."

최고수는 데드라인을 정할 때는 가급적 구체적으로 정하는 습관을 들이라고 조언했다.

"예컨대 친구와 약속을 할 때도 '다음에 연락할게'와 같이 애매하게 말하지 말고 '다음 주 월요일 오후 3시에 연락할게' 처럼 구체적으로 말하는 습관을 들여보세요. 이런 구체적인 데드라인은 상대방과의 신뢰를 형성하고 정확하게 지킴으로써 내 일정의 정확한 추진과 진행을 담보할 수 있답니다. 여기에 기왕이면 나의 일정상 데드라인을 외부에 공개하는 것도 도움이 된답니다. 공개한 것은 번복하기 어렵고 내가 미루지 않게 하는 예방 효과도 있으니까요."

불같이 화를 낼 것이라는 예상과는 달리 차분한 설명과 조언으로 질책을 대신하는 최고수를 보며 오영광은 그가 왜 높은 성과와 더불어 좋은 평판을 유지하고 있는지 알 것 같았다.

"상대가 약속을 지키지 않거나 이런저런 이유를 대며 자꾸 미루는 탓에 일이 늦어지는 건 어떻게 하죠?"

정해진은 자신은 평소 주어진 일을 약속한 시간 안에 잘 해내는 편인데 이번 일의 경우는 협력업체에서 계속 실수를 한다며 속상해했다.

"업체에 일을 맡길 때도 반드시 구체적인 데드라인을 정해줘야 합니다. 구체적인 데드라인을 정하는 것은 자신은 물론이고 상대에게도 효과가 크거든요. 즉, '최대한 빨리 해주세요' 보다는 '수요일 2시까지 완료해주세요' 라고 말하는 것이 일을 제때 처리할 가능성이 높답니다."

"아, 그렇군요. 당장 다시 전화를 해야겠어요."

"나도 다시 해야겠군."

최고수의 조언이 큰 도움이 됐는지 팀원들은 저마다 자리로 돌아가 일정을 재점검하고 자신이 담당한 업체에 전화를 했다.

09

알라딘의
요술램프를 문질러라

"어휴, 답답해 죽겠네."

여행객을 위한 쇼핑공간 '웰컴미래'의 앞을 지나던 오영광은 코너를 담당하고 있는 양 주임의 투덜거림에 무슨 일인지를 물었다.

"저 아줌마 말이에요. 이번에 뽑은 아르바이트생인데 일머리가 없어서 보고 있는 내가 다 속이 터질 지경이에요."

양 주임은 한쪽 구석에서 열심히 진열대를 닦고 있는 주부 아르바이트생 손 여사를 가리키며 짜증스레 말했다. 웰컴미래는 여름 휴가철에 고객이 평소보다 몇 배로 몰리는 탓에 단기 아르바이트생을 뽑아 인력을 보충하고 있었다. 미래 시에는 대학교가 없는 데다 인구분포도 중장년층과 노년층이 많아 아르바이트에 지원한 사람의 대부분이 지역 아주머니들이었다.

"들리는 소문으론 부잣집 마나님이었는데 남편 사업이 망해서 이번에 처음으로 마트 아르바이트를 하나 봐요. 평소 바깥일을 안 해본데다 일머리까지 없으니 손님들도 답답해해요."

양 주임이 손 여사의 뒷담화를 늘어놓는 사이 정육코너에서 소분한 고기들을 가져왔다. 손 여사는 얼른 상품을 받아 정육냉장고에 진열을 했다.

"아니 여사님, 수입산이랑 국산을 같이 놓으면 어떡해요? 그리고 국거리랑 찌개용, 구이용 등 고기도 용도별로 구분해서 놓으셔야죠."

손 여사의 움직임을 살피던 양 주임이 버럭 소리를 질렀다.

"그게, 용도별로 구분해서 놓으려니 공간이 부족해서…"

"자리가 왜 없어요? 그리고 없으면 만들어야죠. 같은 종류는 조금 겹쳐서 쌓아두면 충분히 자리가 나잖아요. 그리고 한 종류로 너무 많이 진열할 필요 없이 뒤쪽 냉장고에 넣어두었다가 상품이 빠지면 다시 채워 넣으면 되잖아요."

양 주임은 답답한 듯 직접 시범을 보이며 한숨을 내쉬었다.

"그리고 바비큐용 소시지 옆에는 항상 소스를 진열하라고 했잖아요. 근데 왜 없어요?"

"죄송합니다. 그게 아까 다 빠졌는데 소스가 어디 있는지 몰라서…."

손 여사는 기어들어가는 목소리로 대답을 했다.

"어휴, 모르면 물어봐야죠. 제가 여사님에게 뭐든 혼자서 척척 해내라고 하지 않잖아요. 대신 모르는 건 적극적으로 물어보세요. 저 보기보다 부드러운 여자예요. 그러니 어려워 말고 자주 찾아주세요."

미안하다며 내내 고개를 숙이는 손 여사가 안쓰러웠는지 양 주임은 한결 누그러진 목소리로 말했다.

오영광은 손 여사의 모습에서 문득 자신의 신입사원 시절이 떠올랐다. 오영광은 개인주의 성향이 강한 데다 자존심이 센 편이라 모르는 것이 있어도 남에게 묻는 것을 꺼렸다. 상사나 동료에게 물어보면 쉽게 알 수 있는 일도 괜한 자존심에 혼자 끙끙대다 결국 일을 망치기도 했다. 그렇게 좌충우돌의 시간을 지나오는 동안 오영광은 '함께'의 힘을 알게 됐다. 특히 효율성을 중요하게 생각하는 기업에선 모르는 것은 묻고 힘든 것은 도움을 요청하며 함께 가야 함을 깨닫게 됐다.

"정 대리, 점심 안 먹었죠? 샌드위치라도 먹으면서 해요."

오영광이 정해진에게 샌드위치와 음료수를 건네며 말했다. 오전 내내 노트북을 붙잡고 끙끙대고 있던 정해진은 점심까지 거르며 일에 열중하고 있었다.

일주일 전, 미래전략팀의 새로운 기획들이 연이어 성과를 내니 최고수가 팀원들에게 새로운 과제를 냈다.

"누리마트 미래점 안의 죽은 공간, 숨은 공간을 찾아 새롭게 재탄생시켜보세요. 매출과 직접적인 관련이 없어도 됩니다. 고객들에게 감성적인 만족감을 주는 것도 좋고, 잠시나마 육체의 피로감을 풀어주는 공간도 좋습니다. 여러분이 제안한 아이디어가 서로 중복되지 않고, 타당성만 있다면 모두 실현시켜볼 생각입니다."

최고수는 누구의 아이디어가 더 좋은지를 가려내는 것이 아니니 서로 협력해서 좋은 아이디어를 끌어내보라고 했다.

"얼마나 멋진 기획을 하고 있기에 점심까지 걸러요?"

남인교가 정해진의 노트북을 슬쩍 들여다보며 물었다.

"아니 왜 남의 걸 함부로 봐요!"

정해진이 황급히 노트북을 덮으며 버럭 소리를 쳤다. 소파에 앉아 책을 읽고 있던 최고수와 팀원들이 깜짝 놀라 눈을 동그랗게 떴다.

"아, 미안해요. 난 우리가 서로 경쟁하는 게 아니니 봐도 괜찮을 것 같아서요."

무안해진 남인교가 한 발짝 뒤로 물러서며 머리를 긁적였다.

"경쟁은 아니지만 그래도 개인에게 주어진 과제잖아요. 그리고 난 누가 내 것을 함부로 보는 게 싫습니다."

"아휴, 너무 하는 거 아니야? 며칠 째 점심도 안 먹고 끙끙대는 것 같아서 뭐 도와줄 일 없나 물어보려 했는데."

남인교가 입을 쭉 내밀며 어이없다는 표정을 지었다.

"죽이 되든 밥이 되든 제 일은 제가 알아서 합니다."

뾰족한 한 마디를 툭 던지곤 정해진은 아예 노트북을 들고 밖으로 나가버렸다.

원칙을 중요하게 생각하는 정해진은 일처리가 꼼꼼하고 책임감이 강한 성격이라 평소 자신에게 주어진 일은 무조건 자신이 알아서 해야 한다는 생각이 강했다. 이번 일 역시 개인에게 주어진 과제인 만큼 도움을 받는 것도 주는 것도 옳지 않다고 여기고 있었다.

"저 친구 왜 저래요? 뭐가 잘 안 풀리는 거 아니에요?"

잔뜩 예민해진 정해진을 보며 오영광이 걱정스러운 듯 물었다.

"내가 나가볼게요."

이번에는 최고수가 나섰다. 최고수는 오영광이 사놓은 샌드위치와 음료수를 들고 정해진을 뒤따랐다.

"도움이 필요하면 요술램프를 문질러 지니를 불러봐요."

최고수의 예상대로 정해진은 옥상정원에 나와 노트북만 노려보고 있었다. 최고수는 샌드위치와 음료수를 정해진이 앉은 테이블 위에 내려놓으며 씽긋 웃었다.

"네? 지니요?"

정해진은 무슨 엉뚱한 소리냐는 듯 최고수를 쳐다보며 눈을 끔뻑였다.

"정 대리님은 입사 이후 회계 쪽 일을 했으니 단독으로 기획안을 만드는 게 쉽지 않을 텐데 왜 한 번도 나를 찾아오지 않죠?"

"네?"

"기획 쪽 일을 계속 해온 원 차장님과 오 과장님도 지난 일주일 동안 내게 와서 이것저것을 물어보고 도움을 청했어요. 그리고 영업팀에서 계속 일하셨던 남 대리님도 기획이 익숙하지 않아서인지 하루에도 몇 번씩이나 절 찾아오죠. 그런데 정 대리님은 한 번도 절 찾지 않으셔서요."

"그게, 솔직히 모르는 것도 너무 많고 도움 요청드릴 일도 많은데 괜히 폐가 될 것 같아서요."

입사 이후 줄곧 회계 쪽 업무만 보던 터라 단독으로 기획일이 맡겨지니 뭐가 뭔지 몰라 힘들었지만 어떻게든 혼자 해보려 끙끙대고 있었다고 고백했다.

"현장에서의 변화와 혁신은 실행력을 담보로 합니다. 그리고 실행력은 현장에서의 질문과 요청에 대한 즉각적인 응답에서 나오는 것이고요. 즉 모르는 것, 궁금한 것을 묻고 답하면서 함께 알아가고 그것을 실행시켜가고, 그것이 곧 변화와 혁신을 이끄는 힘이 됩니다. 그럼에도 많은 직장인이 질문이나 요청하는 것을 여전히 어려워하죠."

최고수는 직장인이 질문과 요청하기를 어려워하는 이유가 그것도 모르냐며 무시할까 봐, 바쁘다며 거절할까 봐, 또는 누구의 도움도 없이 나 혼자 주도적으로 잘 해나가는 삶을 살고 싶어서라고 했다. 최고수의 말에 정해진은 고개를 끄덕였다. 듣고 보니 모두 다 자신에게 해당되는 말이었다. 그리고 무엇보다도 자신에게 주어진 일만큼은 스스로가 해내는 주도적인 사람이 되고 싶다는 마음이 컸다.

"사람들이 오해를 하는 게 있어요. 주도적이라는 것은 나 혼자서 모든 것을 다 한다는 의미가 아니에요. 모르는 것을 물어보는 것과 도움을 요청하는 것은 절대 부끄러운 일이 아니에요.”

최고수는 진정 부끄러운 것은 알지 못하고 해내지 못하면서도 다른 사람에게 질문하지 않고, 알려달라고, 도와달라고 요청하지 않는 행위라고 지적했다.

“질문을 해야 답을 얻을 수 있고, 도와달라고 해야 도움을 받을 수 있으며, 요청을 해야 해결책을 얻을 가능성이 높아집니다. 아무것도 하지 않으면 아무것도 얻을 수 없답니다.”

“도움을 요청하고 싶은데 어떻게 해야 할지 잘 모르겠어요. 무조건 도와달라고 할 수도 없고….”

정해진은 평소 다른 사람에게 질문을 하거나 도움을 요청하는 일에 익숙하지 않아서인지 방법을 잘 모르겠다고 했다.

“음, 의사 입장에서 볼 때 가장 치료하기 힘든 환자는 나이가 많은 것도 아니고 돈이 없는 것도 아닌 자신의 상태를 제대로 설명하지 않는 환자라고 해요. 이 말을 역으로 해석하면, 환자가 자신의 상태를 솔직하게 빠짐없이 설명하면 그만큼 치료도 정확하고 신속해질 수 있다는 거죠. 업무도 마찬가지랍니다.”

최고수는 업무에 있어서도 상사나 동료에게 질문을 하거나 도움을 요청할 때 상대가 내게 최적의 도움을 주기 위해서는 무엇보다도 현재의 상태에 대해서 솔직해야 한다고 강조했다.

“그냥 막연히 도움을 요청할 것이 아니라, 내가 현재 알고 있는 정보, 나의 업무 능력, 그간의 나의 노력 등 나의 상태를 정확하게 이야기하는 것이 중요해요. 나 자신을 객관화 하는 일은 무척이나 어렵지만 이러한 솔직함이 자신을 발전시키는 데 가장 중요한 요소가 된답니다."

최고수는 모르는 것을 질문하거나 힘든 것에 도움을 요청하는 사람을 무능하거나 의지가 약한 사람으로 보기 쉽지만 사실은 그렇지 않다고 했다. 오히려 그들은 어떻게든 자신에게 주어진 일을 해결하고자 하는 의지와 동기가 강한 사람이라는 것이다. 또한 그들은 스스로의 부족함을 인정하고 주변의 누구에게나 배울 수 있다고 생각하기에 매사에 겸손한 사람이라는 말도 덧붙였다.

"손을 내밀면 반드시 누군가 그 손을 잡아준답니다. 대부분의 사람들은 그렇게 누군가에게 손을 내밀고, 누군가의 손을 잡아주면서 앞으로 나아가죠. 그러니 모르는 게 있거나 도움이 필요한 일이 있으면 망설이지 말고 먼저 손을 내밀어보세요. 험, 그리고 제 손이 생각보다 많이 따뜻하답니다. 하하."

"아, 네. 그렇다면 이것부터…."

정해진은 노트북 모니터를 최고수 쪽으로 쓰윽 돌렸다. 괜한 자존심에 시간만 끄는 것은 회사는 물론이고 자신에게도 득이 될 것이 없었다. 그는 솔직하게 현재의 상황을 이야기하고 최고수의 도움을 구했다.

10
현장에 답이 있다

팀원들이 제출한 '숨은 공간 살리기'의 아이디어를 검토한 최고 수는 아주 흡족해하며 모든 아이디어를 정식 프로젝트로 추진해 보자고 했다. 기존에 전혀 사용되지 않던 버려진 공간이나 사용되더라도 고객의 눈길이 거의 머물지 않던 공간이 감성적 가치를 주는 공간으로 재탄생됨으로써 더 큰 고객만족을 실현시킬 수 있을 것이라 기대됐다.

"오늘은 여러 좋은 아이디어들 중 우선적으로 우리 미래점 진입로와 담장에 벽화를 그리는 것에 대해 구체적인 의견을 들어보고자 합니다. 우선 이번 기획을 제안한 미래전략팀 오영광 과장님의 설명부터 들어보겠습니다."

최고수는 벽화 그리기 아이디어를 제안한 오영광에게 대략적인 설명을 부탁했다. 오영광은 우선, 컴퓨터그래픽으로 만든 가상의 진입로 벽화를 화면에 띄웠다. 이어서 누리마트 미래점의 진입로와 주차장의 담장에 벽화를 그림으로써 창출할 수 있는 감성적 가치에 대해 설명했다. 그리고 유사한 콘셉트로 지역의 명물로까지 자리 잡은 국내 · 외의 다양한 성공사례도 들려주었다.

"음, 나쁘지 않은 의견이긴 한데 비용이 꽤 많이 들 겁니다. 특히 진입로의 시작을 어디로 정의하느냐에 따라 엄청난 비용이 발생할 수도 있어요. 단돈 10원도 직접적인 가치가 발생되지 않는 담벼락에 그리 큰돈을 투자할 필요가 있을까요? 게다가 일정 구간을 벗어나서부터는 우리 누리마트의 땅이 아닌 시유지인데 거기다 어떻게 벽화를 그리죠?"

최고수와 오영광의 설명을 듣고 있던 영업팀 팀장이 실행 과정에서 발생될 문제점에 대해 조목조목 따져 물었다.

"좋은 질문입니다. 우리 누리마트 미래점의 진입로가 미래 시의 진입로와 연결이 돼 있기에 지자체의 협력만 구할 수 있다면 가능한 미래 시 진입로까지 확장해서 벽화를 그렸으면 합니다.

미래 시로 진입하는 차량들이 모두 이 벽화를 볼 것이며, 그것은 곧 호기심 유발과 감성적 호응으로 이어질 것입니다."

최고수는 진입로 벽화 그리기는 미래 시를 홍보하는 데도 큰 도움이 되기에 지자체 입장에서도 반길 것이라고 했다. 그리고 지자체와 협력하여 캠페인으로 일을 추진하면 자원봉사자들에게 도움을 받을 수 있기에 인건비도 그리 많이 소요되지 않을 것이라고 했다.

"이 더운 여름에 누가 여기까지 자원봉사를 와요?"

이번에는 마케팅팀 팀장이 황당하다는 표정으로 물었다.

"인터넷이나 SNS를 통한 적극적인 홍보로 전국의 미술학도의 참여를 유도하면 됩니다. 기존에 그런 성공사례가 있기에 충분히 가능성이 있습니다."

오영광은 전국의 미술학도에게 자원봉사를 유도하고 인건비가 아닌 감사의 선물 차원에서 누리마트 상품권을 준다면 잠재적인 고객 유치의 효과도 있을 것이라고 했다.

영업팀장과 마케팅팀 팀장을 비롯한 몇몇 간부들은 차례로 궁금한 점을 물으며 진입로 벽화 그리기의 타당성과 성공가능성을 꼼꼼히 따지며 의견을 좁혀갔다. 그렇게 회의가 마무리되어 갈 즈음, 부점장이 느닷없이 발끈하며 목소리를 높였다.

"아니, 멀쩡한 담벼락에 왜 그림을 그려요? 이해가 안 되네요.

그런다고 우리 미래점의 매출이 올라갈까요? 그리고 상품권은 돈 아닙니까? 그럴 돈이 있으면 요즘 대세인 걸그룹이나 불러서 공연 한번 하는 게 사람들의 관심을 끌기에 훨씬 더 효과적일 겁니다."

나이와 어울리지 않게 요즘 걸그룹에 빠져 있는 부점장은 멀쩡한 담벼락에 돈을 들일 바에야 걸그룹 공연을 하는 게 더 낫겠다며 목소리를 높였다. 부점장의 어이없는 뒷북에 다들 황당한 표정을 짓자 점장이 중재에 나서며 다른 팀장의 의견을 물었다. 하지만 언제나 그렇듯 적극적인 지지도, 그렇다고 적극적인 반대도 아닌 미지근한 태도를 보였다.

"기획팀 팀장 생각은 어때요?"

점장은 회의 내내 고개를 숙인 채 별다른 말이 없던 기획팀팀장을 지목하며 의견을 물었다.

"네? 뭐, 뭘요? 걸그룹이요?"

"이 친구가 무슨 소리를 하는 거야? 진입로에 벽화를 그리자는 거에 대한 자네 의견은 어떤지 말해보라고!"

점장의 목소리가 커지자 기획팀 팀장이 놀라 자리에서 벌떡 일어났다. 그러고는 제법 진지한 표정으로 대답했다.

"전 못합니다. 우리 팀이 요즘 미래전략팀이 온 이후로 할 일이 많이 줄었다지만 아무리 그래도 우리더러 벽화를 그리라니요!

우린 미술 전공자도 아닐뿐더러 요즘처럼 더운 여름날에 땡볕에서 그림을 그리는 것도 싫습니다."

"풉! 뭐라는 거야?"

"졸았군, 졸았어."

기획팀 팀장의 어이없는 말에 다들 킥킥대며 웃었다. 모르면 대충 얼버무리면 될 것을 괜히 아는 척을 해 사서 망신을 당하는 꼴이었다.

"아니, 누가 기획팀한테 그림을 그리라고 했나! 자네 이따 내 방으로 오게!"

당황한 점장은 황급히 회의를 마무리 짓고 회의실 밖으로 나가 버렸다. 특전사랍시고 이리저리 휘젓고 다니는 이방인들도 못마땅했지만 내 식구라 믿었던 사람들의 무능한 모습은 더욱 참기 힘들었다.

"어휴, 늘 느끼는 거지만 여기 미래점 사람들의 회의 태도는 정말 마음에 안 들어요."

사무실 문을 열고 들어서며 정해진이 고개를 내저었다. 기껏 아이디어를 짜내고 기획안까지 만들어도 간부들의 태도는 언제나 미지근했다. 그나마 적극적인 사람들은 반대를 위한 반대를 하는 사람들뿐이다.

"그러게요. 진입로가 바로 코앞에 있는데 아무도 현장을 보러 가자는 사람이 없네요. 그곳에 가보기만 해도 답이 딱 나오는데."

오영광도 답답하다며 한숨을 내쉬었다. 아이디어를 짜내고 기획안을 만드는 동안 오영광은 수십 번도 더 진입로를 들락거렸다. 멋진 그림이 그려진 담벼락을 상상하며 고객의 눈으로 그것을 바라봤다. 푸근하고 정겨운 그림에 입가에 절로 미소가 번졌다. 그리고 그 미소는 미래점에 들어설 때까지 쭉 이어졌다.

"재밌는 퀴즈 하나 낼까요?"

팀원들의 무거운 분위기를 깨기 위해 최고수가 나섰다.

"최고의 인재를 모아 놓고 100퍼센트 실패하는 법을 알파벳 네 개의 글자로 하면 뭘까요?"

"글쎄요…."

다들 고개를 갸웃거렸다.

"정답은 NATO. 'No Action Talk Only'의 줄임말이에요."

"푸하하! 완전 딱이네요. 오늘 미래점 8층 꼰대들이 보여준 모습이 바로 NATO 그 자체에요."

최고수의 재치 있는 말에 회의 때 받은 스트레스가 다 날아간다며 원대한이 배꼽을 잡고 웃었다.

"더 답답한 건 그게 비단 우리 누리마트 미래점만의 문제는 아니란 거죠. 모두가 회의에 참석하지만 실제 얘기는 기껏해야 한두 명만 하고 나머지는 묵묵부답, 게다가 실행 없이 말만 오가는 것이 바로 우리나라 상당수 기업의 회의장 분위기랍니다."

최고수는 제법 진지한 표정으로 우리나라의 기업 회의 분위기를 비판했다. 그리고 다시 말을 이었다.

"모든 회의는 실행을 전제로 합니다. 실행이 전제되지 않은 회의는 그저 공허한 탁상공론에 불과하죠. 뿐만 아닙니다. 해보지도 않고 이러쿵저러쿵 온갖 이유만 대며 실행을 미루는 것은 결국 또 다른 실패를 낳게 되죠."

"'해보기나 했어!' 라던 기업 회장님의 말이 떠오르네요."

오영광이 맞는 말이라며 고개를 끄덕였다.

"도전의 결과가 항상 성공이 아니다 보니 다들 쉽게 도전하지 않는 거죠."

남인교는 도전의 결과가 실패일 수도 있기에 자신을 비롯한 많은 사람들이 도전을 망설이는 것이라고 했다.

"제아무리 완벽하고 훌륭하게 회의를 해도 실행의 단계에선 실패의 가능성을 배제할 수 없습니다. 그러니 아예 실행을 실험이라 여기고 더 많이 시도하는 것이 더 많이 성공하는 비법인 것이죠."

최고수는 실행을 실험이라 여기고 시도를 하면 실패를 해도 부담이 덜 하다고 했다. 게다가 단지 실험에 실패한 것일 뿐이라 여기고 더 나은 방법을 찾아 다시 시도함으로써 결국엔 성공 확률도 높아진다는 것이다.

"전구를 발명하기까지 에디슨은 수천 번의 실패를 했다고 해요. 그런데 그는 그것을 실패가 아닌 실험이라 여기며 다양한 방법을 시도해 전구를 발명한 것이죠."

최고수는 기업이 성공 확률을 높이기 위해서는 결국 더 많은 도전과 시도를 해야 하며, 이를 위해 평소 조직원의 실험정신을 향상시킬 필요가 있다고 했다.

"좋은 방법이 있을까요? 사실 제가 마음과는 달리 행동이 굼뜬 이유가 게으른 탓도 있지만 한편으론 실패에 대한 두려움이 크기 때문인 것 같아요."

남인교가 제법 심각한 표정으로 물었다. 그는 이번 프로젝트만 해도 자신의 아이디어가 실패할까 봐 걱정이 크다고 했다.

"실패에 대한 두려움을 줄이고 실험정신을 향상시키는 간단한 방법이 있습니다. 첫째, 해보지도 않은 일에 대해 미리부터 안 될 것이라는 부정적 의견을 내지 말아야 합니다. 무슨 일이든 긍정적인 방향 속에서 방법을 찾아야 합니다. 둘째, 기존의 해결책으로 문제가 해결되지 않는다면 포기할 것이 아니라 새로운 해결책을 찾으면 됩니다. 셋째, 해야 하는 일 중에서 가장 하기 싫은 일, 가장 두려워하는 일을 먼저 해야 합니다. 어차피 미뤄도 결국엔 해야 할 일이기 때문이죠."

그 외에도 최고수는 실험정신을 향상시키기 위해 평소 익숙하게 잘하던 일도 방법을 달리해서 시도해보라고 했다. 새로운 방법을 시도하는 것은 뇌에 새로운 사고를 할 수 있는 기회를 부여하고, 또 두뇌회전도 좋아지는 결과를 얻을 수 있다는 것이다.

"음, 그럼 내일은 평소와는 다른 길로 출근을 한번 해볼까요?"

"난 오늘 당장 왼손으로 밥을 먹어봐야겠어요."

"책을 뒷장부터 거꾸로 읽어보는 건 어떨까요? 하하!"

두뇌회전이 좋아진다는 말에 다들 눈을 반짝이며 아이디어를 나눴다.

"마지막으로 기존에 하던 방법과 다른 방법을 찾아보는 것도 좋아요. 현장에서 제안을 많이 하는 사람들은 항상 기존 방법에서 벗어난 사고를 한답니다. 기존의 방법에서 벗어날 때 비로소 새롭고 창의적인 아이디어가 탄생하니까요."

최고수는 세상은 거침없는 도전과 실험이 있어 변화하고 발전했으며, 그 모든 실험과 도전의 바탕은 책상이 아닌 현장이라고 거듭 강조했다.

이마에 송골송골 땀이 맺힐 정도로 바쁘게 일을 하다가도 오영광은 어느 순간 멍하니 초점을 잃은 눈을 하고 있었다. 본격적인 휴가철이 한 달도 채 남지 않자 최고수는 진입로 벽화그리기 프로젝트를 최대한 빨리 진행하라고 지시했다. 오영광은 프로젝트의 책임자가 돼 단독으로 일을 진행하는 것도 부담스러운데 일정까지 빡빡하니 여간 당혹스러운 게 아니었다.

"어휴, 정신이 하나도 없네."

일의 우선순위가 잡히지 않으니 그저 손발만 바쁘게 허둥댈 뿐 별다른 진척이 없었다. 더군다나 다른 팀원들 역시 그들의 아이디어를 실행하기 위해 현장을 오가는 중이라 도움을 기대할 수 없었다.

"이걸 한번 써봐요. 도움이 될 거에요."

시청 담당자와 협조공문 발송에 관한 전화통화를 마친 오영광이 다시 정신줄을 놓은 채 멍하니 있자 보다 못한 최고수가 그에게 두꺼운 노트 한 권을 건넸다.

"이건 왜?"

오영광은 노트와 최고수를 번갈아 쳐다보며 이해가 되지 않는다는 표정을 지었다.

"일의 진행사항을 관찰하고 기록으로 남겨봐요. 일을 체계적으로 진행하는 것은 물론이고 실행 속도를 높이는 데도 많은 도움이 될 거에요."

"네?"

가뜩이나 시간이 없어 발을 동동 구르는 사람에게 도움은 못줄망정 일의 진행사항을 기록으로 남기라니! 오영광은 서운하다 못해 화가 나려고 했다.

"목표를 이뤄내고 달성하기 위해서 제일 중요한 일은 무엇일까요? 훌륭한 목표도 좋고 다짐도 좋고 결심도 좋지만 제일 중요한 것은 기록으로 남기는 것이에요. 물론 그 기록은 누구에게 보여주기 위한 것은 아니랍니다. 오 과장님 역시 그 기록을 저한테 보여줄 필요가 없고요."

"아니 그럼 왜?"

"기록은 자신에 대한 감시활동인 동시에 강력한 동기부여가 된답니다."

최고수는 오영광의 이해를 돕기 위해 체중감량을 시도하는 사람의 예를 들었다. 하루 종일 무엇을 먹었고, 어떤 운동을 했는지, 그리고 체중이 얼마나 변화했는지를 기록함으로써 스스로를 감시하고 통제하게 된다는 것이다. 또한 하루하루 자신의 실행을 확인함으로써 반드시 체중을 감량하겠다는 강한 동기부여 효과까지 있다고 했다.

"그 외에도 관찰하고 기록함으로써 얻게 되는 이익은 엄청나게 많죠. 회사 내에서의 문제점을 현장에서 바로 발견할 수 있고, 고객과 어떤 문제가 발생했을 때도 바로 적어두고 발 빠른 조치를 취함으로써 추가적인 고객 클레임을 예방할 수도 있답니다. 어디 그뿐인가요. 직원이나 고객과 대화를 나누는 과정에서 떠오르는 좋은 아이디어를 바로 적어 두었다가 제안할 수도 있습니다."

"팀장님도 그럼 이렇게 일일이 기록을 하시나요?"

"당연하죠. 나는 나의 기억력을 믿지 않습니다. 그래서 보고 듣고 느끼고 떠오른 것, 그리고 실행한 것을 일일이 기록한답니다."

듣고 보니 정말 그랬다. 최고수는 회의 때나 현장을 살필 때 늘 작은 수첩을 들고 다니며 메모를 했다.

"적자생존이란 말 알죠? 요즘은 그 말을 '적는 자만이 살아남는다'로 해석한다고 해요. 그만큼 기록하는 자가 생존하는 시대가 된 거죠."

최고수는 일정이 바쁠수록 계획을 세우고, 그 계획의 실행을 꼼꼼히 기록한다면 업무의 우선순위가 눈에 보일 뿐만 아니라 효율성도 높일 수 있다고 조언했다.

"왜 이렇게 8층이 시끌시끌해요?

벽화 그리기에 사용될 페인트를 공급해줄 업체와의 미팅 후 다시 사무실로 돌아온 오영광이 고개를 갸웃거리며 물었다. 8층의 휴게실은 물론 복도 여기저기서 직원들이 삼삼오오 모여서 웅성거리고 있었다.

"지난 회의 때 자긴 벽화 못 그린다고 헛소리 하던 양반 있잖아요. 그 양반이 대형사고를 쳤잖아요."

남인교가 기다렸다는 듯 침까지 튀겨가며 상황을 설명했다.

"기획팀장님 말이에요?"

"글쎄 그동안 그분이 투잡을 뛰었다지 뭐에요."

"그게 뭐가 문제죠? 요즘은 퇴근 후에도 부업을 하는 사람들도 많던데."

오영광은 맞벌이를 하거나 퇴근 후 부업을 하는 사람들이 점점 늘고 있는데 기획팀 팀장이 투잡을 하는 게 왜 문제가 되느냐며 의아해했다.

"어휴, 그게 업무시간에 부업을 했으니 문제죠."

"네? 어떻게 그런 일이?"

"우리 팀이 미래점의 기획업무를 주도하다 보니 기획팀 팀장이 시간이 남아돌아서 딴 꿍꿍이를 한 거죠."

오래전부터 기획팀 팀장은 퇴근 후에 친구가 운영하는 이벤트 대행업체의 업무를 봐주며 수당을 받아왔다. 그런데 미래전략팀이 온 이후 기획팀의 일이 줄어들자 아예 업무시간에도 부업인 이벤트 대행업을 해온 것이다. 사무실에서도 공공연하게 이벤트 대행업과 관련한 전화통화를 해댔고, 이런저런 핑계로 자리를 비우기도 했다. 보다 못한 직원이 회사에 투서를 넣었고, 감사팀의 조사 결과 사실로 밝혀져 회사가 발칵 뒤집힌 것이다.

"근무시간에 다른 업무를 본 것도 황당한데 그보다 더한 게 뭔 줄 아세요? 글쎄 내 업무 다 하고 다른 일을 한 건데 그게 그리 큰 잘못이냐며 따지고 든다는 거죠."

"쯧쯧, 정말 기본이 안 된 사람이네요."

정해진은 어떻게 업무시간에 다른 볼 일을 보면서 회사의 월급을 꼬박꼬박 받아갈 수 있는지, 게다가 모든 게 들통 난 마당에 어떻게 그렇게 당당한 태도를 보일 수 있는지 이해가 안 된다며 혀를 끌끌댔다.

"업무시간에 투잡을 하는 것만 문제일까요? 직장인들 중엔 굳이 투잡이 아니더라도 인터넷을 하거나 SNS 활동, 사적인 통화 등으로 업무시간을 갉아먹는 사람들이 꽤 많아요. 그들도 업무시간에 투잡을 하는 사람과 마찬가지로 회사에 피해를 끼치는 사람이에요."

"쩝, 그건 그러네요."

허를 찌르는 최고수의 말에 다들 맞다며 고개를 끄덕였다.

"한국인의 근무시간은 OECD 국가 중에서 최고라고 해요. 그렇다면 근무시간 대비 업무 집중도와 효율성도 최고일까요?"

"절대 아니죠. 저기 봐요. 지금은 분명 업무시간인데 복도에서 잡담이나 하잖아요."

남인교가 열린 문틈 사이로 복도를 가리키며 말했다. 아직도 복도에선 직원들이 음료수를 마시며 기획팀 팀장 뒷담화를 하고 있었다.

"우리나라를 비롯해 미국, 영국, 중국, 일본 등 22개국 2만여 명의 직장인을 대상으로 '직원 몰입도employee engagement'를 조사했는데, 한국의 직장인 중 업무에 완전히 몰입하는 사람이 전체의 6퍼센트에 불과하다는 결과가 나왔어요. 국제 평균인 21퍼센트와 비교하면 3분의 1도 안 될 만큼 아주 낮은 편이죠."

최고수는 한 설문조사 결과를 들려주며 우리나라 직장인의 업무집중도가 아주 낮은 편이라고 했다.

"사실 업무시간에 투잡은 말도 안 되지만 너무 긴 시간이 아니라면 잡담이나 전화통화 정도야 괜찮지 않습니까?"

남인교는 아무리 업무시간이지만 너무 빡빡하게 일을 하면 오히려 피로감이 커져서 효율성이 떨어지지 않겠냐고 했다.

"축구, 야구 등 스포츠 경기에서 내가 응원하는 팀의 선수가 자칫 순간적으로 한눈을 판다면 어떻게 될까?"

"어휴, 끔찍하죠. 상상도 하기 싫군요."

최고수의 질문에 모두들 절대 있을 수 없는 일이라며 손을 내저었다.

"그래요. 스포츠 경기에서 한눈을 팔면 득점의 기회를 잃거나 상대에게 골을 빼앗겨 실점을 하는 일이 생길지도 몰라요. 이런 일이 반복되면 팬들의 거센 비난도 피할 수 없게 되고요. 회사도 마찬가지랍니다. 업무 중간 중간 허튼짓을 하게 되면 업무의 집중도가 떨어져 실수를 할 위험이 커지고, 이는 곧 회사의 크고 작은 손실로 이어지게 되죠."

"하긴, 기계를 다루는 현장근로자가 한눈을 팔면 큰 사고로 이어질 수도 있죠."

"사무실 근무도 마찬가지예요. 말 한마디, 숫자 하나로도 회사에 막대한 손해를 끼칠 수 있어요."

최고수는 업무 중 허튼짓을 하는 것도 문제이지만 자신에게 주어진 일이 끝났다는 이유로 남은 시간을 개인적인 일에 쓰는 것역시 옳지 않다고 했다.

"업무시간은 회사와 계약되어 있는 시간입니다. 이 시간에는 최선을 다해 자신에게 주어진 일을 하고, 그러고도 시간이 남으면 다른 업무를 찾아서 해야 합니다."

최고수는 많은 사람들이 성공하기를 원하면서도 정작 자신의 일터에서는 최선을 다하지 않는다고 지적했다.

"성공을 바란다면 현재의 직장에서 먼저 성공해야 합니다. 하루 중 가장 많은 시간과 에너지를 쏟는 곳이 바로 현재의 직장이니까요. 그리고 직장에서의 성공을 위한 가장 기본은 '시간관리', 즉 시간을 효율적으로 철저히 관리하면서 쓰는 것에 있습니다."

목표를 설정하고, 계획을 세우고, 점검을 완료하는 이 모든 시간 관리의 행위가 결국엔 나를 위한 일이라는 최고수의 말에 오영광은 연신 고개를 주억거렸다.

현장 중심의 실행력 회의를 하자

"실행 없이 말만 오가는 곳"

상당수 기업에서 볼 수 있는 회의 문화다. 모두가 회의에 참석하지만, 실제 이야기는 기껏해야 한두 명만 하고 나머지는 묵묵부답이다. 회의라는 단어만 떠올려도 '회의감'이 들 만큼 우리나라 기업의 회의 문화는 답답하다. 여러분의 회의 문화는 어떠한가? 실행력이 담보된 현실성 있는 회의가 진행되고 있는가? 이미 안건 내용은 결정된 상태로 모두의 동의나 받으려는 형식적 회의가 진행되고 있지는 않은가? 이제 우리의 회의도 실행력 있는 회의로 바꿔보자.

첫째, 안건은 미리 공지한다.

회의 안건은 미리 고지하여 회의 참석자가 회의 전에 안건을 숙지할 수 있도록 한다.

둘째, 회의 시작시간과 종료시간의 명확하게 한다.

회의를 시작하면 제일 먼저 정해진 안건 외에 추가 안건이 있는지 확인하고 끝나는 시간이 이미 공지한 내용과 같은지를 확인한다.

셋째, 사회자를 정한다.

모든 안건은 전체 구성원의 의사가 반영될 수 있도록 충분히 논의한다. 회의가 관리자 위주로 끌려가지 않도록 사회자를 정한다.

149

넷째, 서기를 정한다.

서기를 두어 회의 발언 내용과 결론을 적고 안건별 마감시한을 정한다. 회의가 끝난 후에는 반드시 모든 참석자에게 이메일을 보내 회의 내용을 공유한다.

다섯째, 관리자(부서장)의 자세

관리자는 경청의 자세로 회의 구성원의 이야기를 경청하고 추가적으로 필요한 경우에만 발언한다.

앞의 내용으로 진행하고 있다면 여러분 회사의 회의 문화는 아주 훌륭하다. 또한 회의를 위한 회의가 되지 않는 것도 중요하다. 논의된 모든 내용은 현장의 이해관계와 적용 여부를 반드시 현장에 가보거나 통화를 하여 종합적으로 판단해야 한다. 현장을 확인하지 않고 판단을 내리는 경우 자칫 탁상공론이 될 수 있다.

회의에서 난상토론을 거쳐 어렵게 내린 결정일수록 빨리 실행에 옮겨야 한다. 어려운 결정은 결정 과정의 진통과 골치 아팠던 기억으로 인해 자칫 실행 자체를 뒤로 미루는 경우가 종종 생긴다. 결국 이후 실행해보지도 않고 그때 선택이 잘못 되었다고 후회하는 경우가 생길 수 있다. 게다가 당시 이 의견에 반대했던 사람들에게는 공격의 빌미가 되어 갈등이 터 커지는 경우가 생긴다. 이는 결국 어렵게 하나로 모아졌던 모두의 열정과 관심을 급격히 식어게 하고, 리더에게 모든 책임을 떠넘기게 된다.

삼성출신으로 GE코리아 회장을 역임한 이채욱 CJ 대표이사 부회장은 과거에 팀을 이끌 때 리더로서 어떤 일을 실행할 때는 5가지 질문을 스스로에게 던졌다고 한다. 그 질문을 들여다보자.

첫째, 나는 팀원들의 지혜를 최대한 모았는가?
둘째, 반대하는 사람과도 공감대를 형성했는가?
셋째, 실행을 위한 나의 팀은 최고인가?
넷째, 실행방법, 진행 모니터링, 제도나 구조 등은 잘 되어 있는가?
다섯째, PPA, 즉 있을 수 있는 가상의 문제점에 대한 대비는 되어 있는가?

이 다섯 가지 질문에 대해 자신 있게 대답할 수 있다면, 결단을 내리고 바로 실행을 했다고 한다. 또한 그 실행력을 모든 직원과 나누었다고 한다. 회의에서 결론이 내려졌음에도 불구하고 일부에서 계속 반대 의견을 갖고 부정적인 태도를 갖고 있다면, 이는 회의를 제대로 주관하지 못한 것이다.

Part 03

소통으로
협업을
완성하라

현장의
힘

11

우리 함께 해봅시다!

"아니, 이건 수육용 삼겹살이 아니고 뭐예요!"

점심시간을 이용해 매장을 둘러보던 오영광은 만삭으로 보이는 여성고객이 정육코너 앞에서 목소리를 높이고 있는 것을 보곤 얼른 달려갔다. 임산부이다 보니 혹시 모를 제2의 사고가 우려돼 고객을 일단 진정시킬 필요가 있었다.

"고객님, 무슨 일이십니까?"

오영광이 공손한 목소리로 물었다.

"내가 이 직원에게 수육용 삼겹살이 있는지를 물었어요. 그랬더니 다 팔렸다고 하더라고요. 그래서 할 수 없이 수육용 목살을 샀죠. 그런데 저쪽 코너에 가니 수육용 삼겹살이 버젓이 진열이 돼 있는 거예요."

여성고객은 가뜩이나 임신 중이라 몸을 움직이는 것이 힘든데 무거운 카트까지 끌며 수육용 목살을 돌려주러 왔다며 짜증을 냈다.

"불편을 드려 정말 죄송합니다. 저희 직원이 잘 모르고 실수를 한 것 같습니다. 정말 죄송합니다."

오영광은 허리를 깊이 숙이며 진심을 다해 사과를 했다. 자신이 그 여성고객의 입장이라고 해도 황당하고 화가 났을 것이라는 생각이 들었다.

"제가 잘못한 게 아니에요. 저쪽 매장은 우리 누리마트 직영 정육코너가 아니고 임대 매장이란 말이에요."

정육코너 직원은 억울하다며 계속 툴툴댔다.

"저 사람 태도 좀 봐요. 고객이 이 매장이랑 저 매장이랑 주인이 다른 줄 어떻게 알아요? 고객의 입장에선 누리마트 안에 있는 모든 매장은 그냥 누리마트예요."

"백 번 옳으신 말씀입니다. 직원들을 똑바로 교육을 시키지 못한 저희 잘못입니다."

오영광이 연신 죄송하다며 사과를 하자 여성고객은 더 이상 따지고 들지는 않았다. 하지만 다시는 누리마트에서 물건을 사지 않겠다며 상품이 담긴 카트를 그대로 두고 나가버렸다.

"정말 죄송합니다!"

오영광은 멀어져가는 여성고객의 뒷모습을 향해 큰 소리로 사과를 했다.

"어휴, 그 손님 화날 만도 하네요. 게다가 임산부라면서요."

매장에서 있었던 일을 전해들은 미래전략팀 팀원들은 정육코너 직원의 잘못된 고객응대를 지적하며 혀를 내둘렀다.

"자기들 코너에서 다 팔았으면 다른 코너로 고객을 안내하든지 아님 자기들이 직접 적당한 고기를 골라오든지 해야지, 그냥 다 팔았다고 하면 끝인가? 그 직원도 참 융통성이 없네."

"직영점이랑 임대 매장이랑 서로 협력이 안 되는 게 어디 하루 이틀 문제인가요? 이건 전부 8층 꼰대들이 잘못한 거라고요. 직원들 교육만 잘 시켰어도 이런 일이 있었겠어요?"

"교육도 교육이지만 같은 회사에 근무하는 직원들끼리 우리는 하나라는 팀워크를 심어주지 못해 그런 일이 벌어진 거 같네요."

이야기를 듣고 있던 최고수가 직원들에게 팀워크를 심어주지 못한 경영진을 탓했다.

"아니에요. 각 코너마다 자기들끼리는 얼마나 팀워크가 좋은

데요."

원대한은 언젠가 매장을 둘러보다 청과코너 직원들과 수산코너 직원들이 매대 진열 문제로 서로 다투는 광경을 목격했다고 했다. 그때 각 코너의 직원들끼리 똘똘 뭉쳐서 상대 코너의 직원을 공격하는데, 그 팀워크 하나는 가히 전국 1등감인 것 같더라며 웃었다.

"팀워크는 좀 더 넓은 의미로 이해할 필요가 있어요. 좁게는 우리 팀끼리 똘똘 뭉쳐 열심히 성과를 내는 것이 팀워크이지만 넓게는 누리마트 미래점의 1층부터 8층까지의 전 구성원, 그리고 더 확장하면 전국의 모든 누리마트 구성원의 화합을 통한 성과창출로 볼 수 있어요."

최고수는 오늘 매장에서 있었던 불미스러운 일만 하더라도 '누리마트가 없으면 우리도 없다, 우리는 하나다, 우리는 공동운명체다' 라는 팀워크가 있었다면 자연스레 서로 돕고 협력했을 것이라며 안타까워했다.

"그냥 넘길 문제는 아니군요. 좀 더 진상을 파악해보고 정식으로 개선을 건의해야겠어요."

최고수의 예리한 지적에 미래전략팀 팀원들은 매장을 돌며 직원들의 모습을 유심히 살펴보자고 했다.

"신선코너에는 저렇게 손님들이 몰려 줄을 서 있는데 바로 옆의 청과코너 직원들은 도와줄 생각을 않고 가만히 서 있기만 하네요.”

“저기도 봐요. 주방용품 코너 앞에 빈 박스가 널려 있는데도 누구도 치울 생각을 안 하네요.”

주방용품 코너의 직원이 빠진 상품을 다시 채워 넣는 동안 빈 박스가 바닥에 그냥 방치돼 있었다. 하지만 근처의 다른 코너 직원들 중 그 누구도 치울 생각을 않았다.

“내 일이 아니라 네 일이다 이거죠. 같은 회사, 같은 공간에서 근무를 하면서도 저렇게 마음이 따로니 자꾸 매출이 떨어지죠. 에휴.”

남인교가 얼른 뛰어가 박스를 들고 오며 답답하다는 듯 한숨을 내쉬었다.

“그러게요. 내 일 네 일을 따지기 이전에 고객의 불편을 먼저 생각한다면 저렇게 가만히 서 있을 수는 없을 텐데 말이에요.”

오영광은 미래점을 살리기 위해서는 멋진 이벤트를 하고 코너를 새롭게 재정비하는 것도 좋지만 무엇보다도 미래점을 이끌어가는 톱니들을 점검하는 것이 시급하다고 느꼈다.

미래점의 바퀴를 구성하는 톱니들의 불협화음은 다음날에도 계속 되었다. 크게 관심을 두지 않아 잘 몰랐을 뿐, 눈을 크게 뜨고 보니 미래점 곳곳에 팀워크를 막는 불통의 장애물이 자리 잡고 있었다.

　"당장 치우지 못해요? 여긴 우리 자리라고욧!"

　"무슨 말입니까? 이 자린 한 달 전부터 우리가 예약한 자리라고요. 마케팅팀 팀장님한테 물어봐요!"

　"뭐라고요? 우린 영업팀 팀장님한테 허락받았어요. 그리고 판매대 자리는 예전부터 영업팀 팀장님 소관이잖아요."

　1층 미래점 매장 입구의 행사 판매대 앞에서 청과코너 주임과 의류코너 주임이 큰소리로 다투고 있었다. 휴가철인 7월이 되면서 미래점을 찾는 고객이 늘자 입구의 판매대 자리에도 경쟁이 붙은 듯했다. 출근을 하던 직원들이 눈살을 찌푸리며 힐끔거렸지만 두 사람은 아랑곳하지 않고 계속 목소리를 높였다.

　"그만하세요. 점장님이 두 분 모두 8층 점장실로 오라십니다!"

　점장에게까지 상황이 전해졌는지 황급히 뛰어온 한 직원이 두 사람을 점장실로 올려 보냈다.

　"어휴, 남우세스러워서, 원!"

"그러게요. 한 식구끼리 정말 저러고 싶을까요?"

"어제 최 팀장님 말씀처럼 한 식구라는 생각조차 안 하는 거죠."

출근길에 소란을 목격한 원대한과 오영광은 직원들의 한심한 모습에 연신 한숨을 뱉어냈다.

"콩가루 집안도 이런 콩가루 집안이 없어요. 어째서 팀장들끼리도 서로 의견을 못 맞추고 제각각이에요! 직원들이 도대체 뭘 보고 배우겠어요!"

기획팀 팀장의 투잡 사건 이후로 간부들에 대한 실망이 커질 대로 커져 있는 점장이었다. 오늘의 소란 역시 마케팅팀과 영영팀의 팀장들이 의견조율을 하지 않아 일어난 일임을 알고는 점장은 뜨거운 콧김을 뿜어냈다.

"미래점이 다시 회생하기 위해서는 미래점을 구성하는 한 명 한 명이 같은 방향으로 마음을 모으고 에너지를 모아야 합니다. 팀워크를 통해 시너지를 창출하지 못한다면 그 어떤 대단한 기획을 해도 진정한 변화와 혁신은 불가능합니다."

상황이 어느 정도 수그러들자 최고수가 점장을 직접 찾아 팀워크의 중요성에 대해 설파했다.

"팀워크! 중요하죠. 어떻게 해야 우리 직원들에게 팀워크가 생길까요?"

사태의 심각성을 느끼고 있던 점장은 이전과는 달리 최고수에게 적극적으로 도움을 요청했다. 미래점보다 더 심하게 와해된 매장도 보란 듯이 살려낸 그가 아니던가. 낯설다고 이방인 취급하며 무조건 배척하기보다는 도움받을 것은 받아야겠다는 생각이 들었다. 어쩌면 그것이 최고수가 말하는 진정한 팀워크일지 모른다는 생각이 들었다.

"팀워크가 뛰어나 탁월한 성과를 창출하는 조직은 그렇지 않은 조직에 비해 '목표 및 가치관의 공유'와 '의사소통'이 확연하게 뛰어납니다. 또한 협력작업, 갈등관리, 변화대처, 외부와의 네트워크 능력, 팀 기여도 등도 아주 우수합니다."

"그렇겠지요."

"이중에서도 특히 의사소통 부분을 주목할 필요가 있습니다. 협력작업과 갈등관리 등 대부분의 것이 큰 의미에서 볼 때 의사소통과 연결되는 내용이기 때문입니다."

최고수는 지속적이고 자유로운 커뮤니케이션 활동을 통해 조직원 모두가 하나의 공동운명체임을 일깨워준다면 자연스레 팀워크가 향상될 것이고, 그에 따른 부가적인 효과들도 저절로 따라올 것이라고 했다.

"우리 함께 해봅시다! 내가 최 팀장을 적극 지원해줄 테니 최 팀장이 나를 도와 함께 우리 미래점 직원들의 팀워크를 향상시켜

봅시다."

점장은 최고수에게 정식으로 도움을 요청했다. 그리고 전폭적으로 지원해줄 테니 직원들이 서로 소통하며 협업할 수 있는 방법을 찾아달라고 했다.

"정말 신기해요!"

"그러게요. 우린 그저 함께 모여 다과를 즐기고 웃으며 얘기를 나눴을 뿐인데 2주 만에 사람이 저렇게 달라지나요?"

오영광은 2주 전과는 비교도 안 될 만큼 확연히 달라진 직원들의 모습에 입이 떡 벌어졌다.

"고객님, 무엇을 도와드릴까요?"

오후시간이 돼 신선코너에 고객이 몰리니 가까운 청과코너 직원이 달려와 고객을 응대했다. 물론 다른 코너들도 더 넓은 의미의 '우리'를 챙기며 서로를 배려하는 모습을 보였다.

"신선한 회에는 깔끔한 화이트 와인이 제격인데 괜찮은 것으로 추천해드릴까요?"

"삼겹살구이 드실 거면 마늘이랑 상추쌈도 함께 챙겨드릴까요?"

뿐만 아니었다. 각 코너끼리 적극적인 '컬래버레이션'을 구상함으로써 매출향상이라는 시너지 효과까지 가져왔다.

"그냥 일시적인 모습일까요? 아님 저 모습 저대로 쭉 갈까요?"

정해진 역시 직원들의 급격한 변화가 믿을 수 없다는 듯 고개를 갸웃거렸다.

"계속 노력해야죠. 혈액이 온몸을 순환하며 산소와 영양분을 공급해야 우리 몸의 건강을 유지되듯이 조직도 마찬가지랍니다. 각 구성원의 마음과 열정이 쉼 없이 함께 흘러야지만 비로소 건강한 조직이 되고, 나아가 시너지를 발휘하는 강력한 팀워크를 창출해낼 수 있답니다."

최고수는 지난 2주간의 소통활동은 미래점 팀워크의 물꼬를 튼 것일 뿐이라며 지속적인 커뮤니케이션을 통해 모두의 생각과 바람이 흐르는 조직을 만들어야지만 진정한 팀워크를 창출할 수 있다고 강조했다.

"정말 우문에 현답이시군요. 하하!"

2주 전, 출근길의 시끌벅적한 소동이 일어난 이후 점장은 그간 조직의 리더로서 자신이 누리마트 미래점 직원들 간의 소통에 별다른 노력을 기울이지 않았음을 인정했다. 그러고는 최고수에게 도움을 부탁했다.

"아무런 조건도 달지 않은, 그저 속 이야기 터놓는 직원들 간의 유쾌한 수다의 장을 가져볼까 합니다."

최고수는 자연스러운 분위기가 형성되어야 비로소 진솔한 소통이 가능하니 형식이나 절차보다는 직원들의 적극적인 참여만을 바라자고 했다. 점장의 동의와 지지로 미래점 직원들의 첫 다과회가 열렸고, 자유로운 형식으로 마음속 이야기를 터놓도록 유도했다.

"사실 옆 코너 직원이 바쁠 땐 저도 도와주고 싶어요. 안쓰럽기도 하고, 한편으론 내가 바쁠 때 그들이 좀 도와줬으면 하는 마음도 드니까요. 그런데 우리 주임님이 '네 일이나 잘해'라고 할까봐 선뜻 도와주기가 망설여져요."

"아휴, 내가 왜 그러겠어요. 서로 도우면 좋죠. 난 안 그래도 힘든데 옆 코너까지 도와주라고 하면 더 힘드실까 봐 그런 말을 못했어요."

이야기가 이어질수록 서로의 진심을 알게 되고, 그간 쌓였던 오해들도 하나씩 풀려갔다.

"결국은 소통이 문제였군요."

오영광은 직원들의 이야기를 들을수록 그들이 이기적이거나 나빠서가 아니라 서로의 속마음을 몰라 그저 눈치만 보고 있었다는 것을 알게 됐다.

"말하지 않아도 안다는 것은 그저 이상에 불과해요. 사랑하는 연인이나 부부, 심지어 피를 나눈 부모와 자식 간에도 말하지 않으면 그 속마음을 전부 다 알긴 힘듭니다."

최고수는 기업이라는 거대조직을 이끌어가는 구성원끼리 서로의 마음을 말하지 않으니 삐걱거리며 충돌이 일어날 수밖에 없는 것이라고 했다. 그는 구성원 간의 자유로운 커뮤니케이션을 가능하게 해 팀워크를 향상시키는 것 역시 리더의 중요한 역할임을 강조했다.

12

신뢰, 존중과 배려로 가능하다

업무시간 중 몰래 부업을 해 물의를 일으켰던 기획팀 팀장은 3개월 감봉처분이 떨어지자 결국 사직서를 냈다. 미래점의 일등공신인 자신이 징계를 받았다는 것에 자존심이 상한 것이다. 물론 표면적으로는 그동안 부업으로 하던 이벤트 대행업을 아예 전업으로 해보겠다는 이유를 댔다.

팀장 자리가 공석이 되니 기획팀 팀원들은 물론이고 다른 팀 팀원들도 은근히 자신에게 그 자리가 오기를 기대했다. 특히 미래점이 출점했던 5년 전부터 근무를 해오던 직원들은 팀장 진급에 대한 바람이 간절했다. 그럼에도 당당히 성과를 내놓으며 팀장의 자리를 요구하지 않고 서로 눈치만 보고 있는 것은 그동안 미래점은 내부 인사권을 점장과 부점장이 갖고 있었기 때문이다.

"저기, 기획팀 팀장 자리 말이에요….."

"네, 편하게 말씀하세요."

"지원제로 하는 건 어떨까요? 직원들이 지원자들에게 투표를 해 팀장을 뽑는 거죠."

직원들이 자유롭게 이야기를 나누는 다과회 자리에서 기획팀 팀장을 직원 투표로 뽑자는 의견이 나왔다.

"그거 좋은 생각 같은데요. 사실 기획팀 팀장 자리를 원하는 분들이 많으니 직원 투표면 나름 공정성이 있으니 납득하기가 쉬울 것 같네요."

기획실의 김 과장은 자신도 팀장이 되고 싶은 마음이 굴뚝같지만 다른 동료들도 같은 마음일 테니 아예 투표로 뽑자고 했다. 그러면 자신이 떨어지더라도 받아들이기가 쉬울 것 같다는 말도 덧붙였다.

"다들 무슨 소리를 하는 거야? 자네들끼리 그러자고 하면 그렇게 되는 거야! 회사가 그리 우스워?"

점장과 이야기를 나누느라 상황 파악이 늦었던 부점장이 뒤늦게 발끈하며 소리를 질렀다.

"아니 전 그냥 자유롭게 이야기를 하라고 해서…."

김 과장이 기어들어가는 목소리로 변명을 했다.

"인간이 이렇다니까. 자유니 뭐니 하며 조금만 풀어줘도 제 영역을 벗어나려 한다니까. 이 미래점 출점 이후로 각 팀의 팀장과 각 코너의 주임 인사권은 점장님과 나한테 있다는 것 몰라?"

부점장은 더 이상 이야기할 가치가 없다며 자리에서 벌떡 일어났다. 그때 최고수가 나섰다.

"본사에서는 내부 인사권을 각 지점에 위임했지만 그 권한을 점장과 부점장에게 준 것은 아닙니다. 그러니 직원들의 의견도 존중할 필요가 있습니다."

최고수는 누리마트 다른 지점의 경우 다수의 후보를 선정해 경합을 벌이거나 직원 투표로 팀장과 주임을 뽑는 경우도 많다며 이번 기회에 미래점도 달라져야 한다고 말했다.

"이 친구가 지금 뭐라고 하는 거야? 나랑 한번 제대로 붙어보자는 거야!"

부점장은 소매를 걷어 올리는 등 일부러 과장된 몸짓을 하며 최고수에게 목소리를 높였다.

"그만 하시죠. 직원들 다 보는 앞에서 무게 무슨 추태입니까? 좀 더 합리적이고 민주적인 방법으로 팀장을 선출하자는 게 뭐 그리 잘못된 말이라고 이토록 발끈하십니까?"

이번에는 오영광이 나섰다. 그간 미래점을 지켜보며 느꼈던 것 중의 하나가 직책을 이용해 직원을 누르려는 임원진의 강압적인 태도였다. 미래점 개혁의 전권을 위임받은 입장에서 보고만 있을 수는 없는 문제였다.

"혁! 넌 또 뭐얏! 세상이 어떻게 변하려고 새파랗게 어린놈이 어른한테 기어올라?"

"말씀 조심하십시오. 나이가 많고 직급이 높다고 해서 부하직원을 하대하거나 함부로 대할 권리는 없습니다!"

"맞아요!"

영업팀의 이 대리와 수산코너 황 여사까지 나서자 여기저기서 응원의 목소리가 들려왔다.

"이게 뭐하는 짓이야! 이러자고 우리가 아침 일찍부터 모여서 다과회를 하는 건가?"

분위기가 점점 심각해지자 결국 점장이 나섰다. 업무 성과의 향상은 물론 직원들 간의 원활한 소통에 이르기까지 그간 미래전략팀의 도움이 컸던 것은 사실이다. 하지만 직원들을 선동하여 자신의 고유권한인 인사권까지 옳고 그른지를 따지며 개입하려는 것은 여간 불쾌한 게 아니었다.

"사실 기획팀 팀장이 누가 되는가에 나는 그다지 관심이 없습니다. 하지만 점장이랑 부점장의 행태는 정말 짜증이 나요. 우리가 자기들보다 직급이 낮은 것은 사실이지만 그렇다고 노예나 종은 아니잖아요."

가전코너 직원인 미스터 최는 마음 편히 수다 좀 떨려고 다과회에 참석했다가 괜히 기분만 상했다며 툴툴거렸다.

"그러게요. 윗대가리들은 늘 저래요. 말이 안 먹힌다 싶으면 무조건 큰소리를 내며 윽박지르고 호통이나 쳐대죠."

"저 양반들은 죽었다 깨어나도 모를 걸요. 우리가 자기들이 무서워서 피하는 게 아니라 더러워서 피한다는 사실을. 크크."

"풉! 맞아요. 어디 똥이 무서워서 피하나, 더러워서 피하지."

업무 시작시간이 가까워지자 사람들은 서둘러 자신의 자리로 돌아갔다. 하지만 그들이 지나간 복도에는 여전히 미래점 경영진에 대한 불만 덩어리들이 뚝뚝 떨어져 있었다. 그것을 깨끗이 청소하는 것은 직원이 아닌 경영진의 몫이었다.

"권력과 힘으로 억누르던 독불장군식 리더십으로는 더 이상 구성원의 마음을 얻을 수 없습니다. 신뢰가 바탕이 된 대화를 통한 협의로 조직을 이끌어야 구성원의 마음을 하나로 이끌어낼 수 있습니다.”

다과회가 끝난 뒤 최고수는 점장을 따로 찾아가 경영진의 태도가 달라져야 함을 강력하게 피력했다.

“최 팀장도 알다시피 지금 우리 미래점은 위기 상황이에요. 물론 미래전략팀이 온 이후로 매출이 조금씩 향상되고 있긴 하지만 아직 안심하긴 이릅니다. 그래서 이럴 때일수록 리더가 더욱 강하게 조직을 이끌어주어야 합니다.”

점장은 미래점이 다시 회생하기 위해서는 리더는 물론이고 조직 전체가 강해져야 한다고 했다.

“강한 조직을 만든다고 하더라도 그 시작은 따뜻함입니다. 사람의 마음을 여는 것은 강함이 아니라 부드러움이니까요. 손자병법에 보면 ‘은위병용恩威併用, 강유상제剛柔相齊’ 라는 말이 있습니다. ‘은덕과 위엄을 함께 베풀고 사용하라’ 그리고 ‘강함과 부드러움을 함께 갖추고 행동하라’ 는 뜻이지요. 병졸이 장수를 진심으로 따르게 하려면 장수가 위엄을 보여주는 동시에 은덕도 함께 베풀어야 합니다. 이러한 존경과 신뢰가 형성되지 않은 상황에서 무조건 강한 벌과 채찍으로 다스린다면 병졸은 반발하고 복종하려 하지도 않으며, 전투에도 용감히 나서지 않게 됩니다.”

최고수는 조직 역시 마찬가지라고 했다. 구성원의 마음을 열지 못한 상태에서 무조건 힘으로 윽박지르며 움직이게만 하려니 서로의 마음이 모이기는커녕 되레 흩어지고 돌아서는 것이라고 지적했다.

"그렇다고 직원들 말에 무조건 오냐오냐 할 수는 없지요?"

"따뜻하고 부드러움이 무조건적인 수용을 뜻하는 것은 아닙니다. 사람의 생각이 제각각이듯 직원의 생각도 제각각이니 이를 다 수용하는 것은 현실적으로도 불가능하고요."

"그럼 어떻게?"

"무조건적인 지시가 아니라 직원들에게 현재 상황에 대해 설명하고 이해를 구하고 의견을 들어야지요."

"그래서 우리 경영진들도 매주 다과회까지 하며 직원들과 소통하려 노력하고 있잖아요. 그런데 결과가 어땠나요?"

점장은 최고수의 제안을 받아들여 다과회까지 하며 소통을 유도하고 있지만 결국 오늘 같은 일이 벌어지지 않았느냐며 한숨을 내쉬었다.

"모든 소통의 바탕에는 '신뢰'가 기본으로 깔려야 합니다. 제아무리 많은 이야기를 주고받아도 서로를 신뢰하지 못한다면 공허한 말잔치에 불과합니다. 리더가 하는 말이 거짓말처럼 들리고 허울 좋은 구호로만 들린다면 그 안에서 어찌 실행력이 나오길 기대하며 어찌 개선과 혁신이 지속되길 바랄 수 있겠습니까?"

최고수는 우리나라의 신뢰 수준은 OECD의 평균에도 한참 미

달하는 수준이라며, 국가든 기업이든 발전을 바란다면 리더와 구
성원 간의 신뢰 구축이 우선되어야 한다고 강조했다.

"무슨 말인지 충분히 이해했어요. 하지만 하루아침에 없던 신
뢰가 생기는 것도 아니고 참 답답하네요."

점장은 생각할수록 더 깊은 늪으로 빠지는 것 같다며 미간을
찌푸렸다. 그러고는 최고수에게 신뢰구축에 대한 구체적인 제안
서를 만들어오면 적극적으로 협조하겠다고 했다.

"그나마 점장님이라도 말이 통하니 다행이네요."

최고수에게 이야기를 전해들은 원대한은 점장이 부점장처럼
막무가내 스타일은 아니라서 그나마 다행이라고 했다.

"휴게실에서 사람들이 하는 얘기를 들어보니 부점장에 관한
불신이 아주 크더라고요. 초기에 부점장 라인으로 붙었던 사람들
까지 대부분 다 등을 돌렸다고 하더군요."

남인교가 아주 비밀스런 이야기라도 전하듯 목소리를 낮췄다.
직원들의 얘기로는 부점장은 전직 시의원과 친척 사이인데 이전
까지 차장 직급이었던 그가 시의원인 친척 덕분에 미래점 출점
이후 갑자기 부점장이 됐다고 했다. 동기들이 모두 부장으로 진

급할 때 혼자 차장 자리를 지킬 정도로 별 볼 일 없었던 그가 부점장이 된 이후론 급변했다고 한다. 불도저와 같은 막무가내식의 업무지시로 성과창출에만 집착한 것이다.

"낙하산이니 뭐니 하는 뒷말이 듣기 싫어서 자기도 보란 듯이 성과를 내고 싶었던 거죠. 그런데 부점장이 직원들을 옥죌수록 어쩐 일인지 일은 더 엉망이 되고 매출도 더 떨어지더란 거예요."

"당연하죠. 나라도 그런 상사가 시키는 일은 얼렁뚱땅하거나 아예 안 하겠어요."

평소 강한 책임감을 자랑하는 정해진까지 부점장의 이야기에 고개를 내저으며 싫은 티를 냈다.

"그나저나 어떻게 해야 우리 미래점에 신뢰가 자리 잡을 수 있을까요?"

오영광은 점장이 적극적인 협조를 약속한 만큼 최대한 빨리 신뢰구축의 방안을 마련해보자고 했다.

"신뢰를 구축하기 위해서는 무엇보다도 구성원들 간의 배려와 존중의 문화를 만들어야 합니다."

최고수가 먼저 입을 뗐다.

"배려와 존중이요?"

"네. 신뢰는 모든 것에 영향을 미치는 시대가 되었고, 배려와 존중은 신뢰를 만드는 가장 핵심적인 요소랍니다."

당연한 말처럼 들렸지만 '배려와 존중'의 구체적인 실행방법들을 생각하려니 오영광은 막막하기만 했다.

"평소 사용하는 언어습관을 바꾸는 것만으로도 상대에 대한 배려와 존중을 표현할 수 있답니다. 그 대표적인 것이 인사입니다. 고마울 때 '고맙습니다', 미안할 때는 '미안합니다'라는 이 당연한 말 한 마디를 아끼는 상사들이 많은데, 직급 상관없이 이런 인사를 한다면 직원들은 자신이 존중받고 있다는 생각이 든답니다."

"아, 정말 맞는 말 같아요. 자신이 잘못 해놓고도 끝까지 미안하단 말을 하지 않는 상사, 그리고 직원의 도움을 받고도 고맙다는 그 간단한 인사조차도 인색한 상사와 함께 일을 하다 보면 내가 무시당한다는 느낌을 지울 수 없더라고요."

원대한은 고맙다, 미안하다는 표현에 인색한 상사는 꺼려진다며 맞장구를 쳤다. 오영광도 누리마트 미래점에 감사와 사과의 인사를 적극적으로 표현하는 문화를 만들면 신뢰를 쌓는 데 도움이 되겠다며 고개를 끄덕였다.

"또 직급이나 나이를 떠나 모두에게 존댓말을 사용하면 존중과 배려를 느끼는 데 큰 도움이 된답니다."

"우리처럼 말이죠?"

남인교는 직급으로 보나 나이로 보나 자신이 제일 아래인데도 불구하고 팀장을 비롯한 팀원들 모두가 존댓말을 써주는 게 너무 좋다고 했다. 익숙하지 않은 탓에 처음에는 어색했지만 듣다 보니 어느 순간부터는 고맙고 좋더라는 것이다. 자신을 존중하고 배려하고 있다는 것을 느낀 것이다.

"우리 팀에서 구체적인 아이디어가 모아지는 대로 점장님에게 제안서를 낼 겁니다. 그러니 신뢰를 높이기 위한 좋은 방법이 떠오르면 망설이지 말고 얘기해주세요."

"넵! 우리 열심히 아이디어를 모아봅시다!"

최고수의 제안에 미래전략팀은 적극적으로 아이디어를 교환하며 의견을 모아갔다. 모두의 마음을 한 곳으로 모으고 공동의 목표를 위해 움직이게 하며, 더 빨리 그리고 더 크게 성과를 창출하는 것은 상사의 명령과 지시가 아닌 '신뢰'임을 알기에 미래점에 신뢰를 뿌리내리는 것은 무엇보다 시급한 과제로 여겨졌다.

13

잘나가는 회사에는
뒷담화가 없다

여름 휴가철이 끝나고 가을을 맞을 준비를 하며 누리마트 미래점엔 어김없이 쌀이 '계륵'으로 떠올랐다. 매년 이맘때면 쌀을 아예 매장에서 철수하자는 말이 나올 정도로 골치를 썩고 있었다.

"아니 쌀이 왜 문제죠? 그냥 더 좋은 쌀을 더 싸게 팔면 우리도 좋고 고객도 좋은 것 아닌가요?"

미래점에 내려오기 이전까진 현장근무의 경험도 없었을 뿐더러 서울을 벗어난 할인마트에 가본 경험이 없는 오영광으로선 선뜻 이해가 가지 않았다.

"지역 농민의 반발이 이만저만이 아니에요. 우리가 너무 싸게 팔면 자신들도 가격을 내려야 하는데 그러면 이익이 줄어드니 마냥 보고 있을 수만은 없는 거죠."

미래 시는 시 외곽으로 바다와 농지가 동시에 있는 작은 중소도시이다 보니 직접 수확하고 어획한 수산물과 농산물이 시장으로 나오는 일이 잦았다. 이런 이유로 미래 시의 대형할인마트에서는 상인은 물론 농·어민과의 마찰을 줄이기 위해선 그들과 상생할 수 있는 방안을 마련해야 했다.

더군다나 할인마트 입장에선 쌀은 판매량을 따지기 전에 그 자체만으로도 상징성이 큰 상품이다. 분식류의 소비가 늘면서 쌀의 소비량이 줄었다지만 그래도 쌀은 오랜 기간 우리나라 고유의 주식이었던 만큼 그것의 위엄은 컸다. 자장면의 소비가 줄었다고 중국집에서 자장면을 철수할 수 없는 것처럼 쌀은 고객의 소비가 줄어도 굳건하게 매장을 지켜줘야 할 믿음직한 기둥 같은 존재였다.

"오 과장님이 좀 맡아주세요."

최고수는 모든 팀원들이 다른 프로젝트의 진행으로 바쁘기도 하지만 무엇보다도 기획업무에 유능한 오영광이 가장 무거운 숙제를 맡아주면 안심이 될 것 같다고 했다.

"알겠습니다. 어떻게든 방도를 찾아보겠습니다."

오영광은 거부하지 않았다. 버릴 것이 아니라면 누군가는 지고 가야 할 짐이다. 무거운 짐으로 근력을 단련해두는 것도 미래를 위해 나쁘지 않을 것 같았다.

"가격경쟁이 아니라면 결국 차별화밖엔 없군!"

재래시장을 돌며 궁리를 하던 끝에 오영광은 차별화라는 답을 찾아냈다.

저렴한 가격과 푸짐한 양으로 승부를 거는 고만고만한 횟집들 사이에서 어획량이 많지 않은 고급 생선만을 취급해 대박이 난 집을 보며 아이디어를 얻은 것이다.

"더 싼 게 아니라 더 비싼 것을 찾아내야겠군!"

오영광은 쌀의 고급화를 꾀했고, 고심 끝에 쌀을 즉석에서 도정해주는 '명품햅쌀'의 판매를 기획했다. 즉석 도정한 쌀은 수분 함유량이 높아 백미는 물론 현미의 판매량까지 높일 수 있었다. 이외에도 유기농 쌀의 판매를 기획했는데, 지역의 농가 중 유기농 쌀을 공급해줄 만한 곳을 찾기가 쉽지 않아 진행이 예상보다 더뎌졌다. 유기농법으로 쌀농사를 짓는 것이 쉽지 않은 데다 단가가 높아 지속적인 판매처를 찾지 못해 농가에서는 유기농 쌀의 경작을 꺼리고 있었다.

"장기적인 시각으로 볼 때 유기농 쌀은 충분히 가능성이 있습니다."

몇 년 전부터 누리마트는 하청업체를 통한 회사 자체 상품을 조금씩 출시하고 있었다. 오영광은 유기농 쌀도 아예 누리마트 브랜드로 출시해보는 게 어떻겠느냐며 제안했다. 현재 누리 시에서 유기농 쌀을 재배하는 곳과 장기계약을 하면 지속적이고 안정적으로 공급을 받을 수 있다. 게다가 계약경작을 하면 품질관리도 쉽고 지역 주민과의 상생도 도모할 수 있으니 여러모로 득이 될 것이라 예상됐다.

　'유기농 쌀 계약경작'이라는 오영광의 기획안이 받아들여져 정식 프로젝트로 진행됐다.

　오영광은 제품개발팀의 허진상 대리와 함께 농가를 섭외하고 유기농 경작 계약 등과 관련된 전반적인 일들을 처리해나갔다.

　"누리마트 어때요? 우리 딸이 서울에서 대학을 다니는데 졸업하면 고향 내려와서 여기 누리마트에 취직이나 할까 하던데."

　유기농법에 관한 이런저런 설명을 하던 정 씨는 갑자기 생각난 듯 두 사람에게 물었다.

　"어휴 서울까지 입성해놓곤 뭣 하러 이런 촌구석에 다시 와요? 게다가 누리마트라뇨! 어르신, 도시락 싸들고 말리세요."

"누리마트가 어때서요? 주위에 물어보니 그럭저럭 괜찮은 회사라고 하던데."

허진상의 말에 정 씨가 의외라며 고개를 갸웃거렸다.

"괜찮긴요. 툭하면 야근에, 명절엔 돌아가며 근무를 해야 하고. 게다가 상사들 갑질이 얼마나 심한데요. 특히 부점장이란 양반은 자기가 무슨 대기업 총수나 되는 것처럼 온 직원을 쥐 잡듯이 잡아대고. 뭐 그렇다고 점장이라고 해서 더 나을 것도 없어요. 뒷짐만 지고 왔다 갔다 하며 직원들이 일을 하나 안 하나 감시나 하고…."

당황한 오영광이 그만 하라고 신호를 줬지만 눈치 없는 허진상은 침까지 튀겨가며 쉬지 않고 회사와 상사들의 욕을 해댔다.

"그렇게 이상한 회사에요? 우리 딸 취직이 문제가 아니라 내가 당장 계약을 다시 생각해봐야 하는 거 아닌가 모르겠네. 쯧쯧."

"하하하! 우리 허 대리님이 농담한 겁니다. 우리 누리마트가 그렇게 이상한 회사면 저 같은 인재가 거기 다니겠어요? 저 이래 봬도 한국대 출신이랍니다."

상황을 무마시켜보려 오영광이 출신학교까지 내세우며 너스레를 떨었다.

"우와! 오 과장님 정말 한국대 출신이세요? 그런데 한국대 출신이 왜 우리 회사에 왔대요? 다른 좋은 회사도 얼마나 많은데.

혹시 한국대를 뒷문으로 들어가셨나?"

"하하, 허 대리님은 정말 농담도 재밌게 잘하시네요. 그나저나 어르신은 언제부터 이렇게 유기농법으로 쌀농사를 지으셨어요? 정말 선견지명이 있으신 것 같아요."

오영광은 허진상의 무례함에 화가 났지만 정 씨의 마음을 잡는 것이 우선이었기에 얼른 유기농 쌀 이야기로 화제를 바꿨다.

"우리 큰아들이 적극적으로 권했다오. 일반 쌀은 가격경쟁 때문에 고생만 진탕 할 거라고, 그럴 바엔 아예 고급 쌀을 생산하자더군요. 그리고 무엇보다 건강에 좋다니 내가 '그래, 한번 해보자!' 그랬죠."

정 씨는 그동안은 큰아들이 인터넷으로 쌀을 팔아주고 있었다고 했다. 그런데 내년부터 아들이 외국지사로 발령이 나서 위탁판매를 알아보던 중 누리마트에서 연락이 온 것이라고 했다.

"하하. 우리 회사가 어르신 댁과 인연인가 봅니다. 올해 출하 물량부터 우리 회사가 모두 매입하겠습니다. 그리고 계약 경작을 하면 판로에 대한 고민을 전혀 하지 않으셔도 되니 어르신은 그저 좋은 쌀 키우는 데만 신경을 쓰시면 됩니다."

오영광은 정 씨에게 누리마트와의 계약 관계에 대해 자세히 설명을 했다.

"어쨌건 잘 알았으니 일단 우리 애들하고 조금 더 의논을 하고 연락을 드리리다.”

정 씨는 허진상의 이야기가 계속 마음에 걸린다며, 누리마트에 관한 가족과 이웃의 평판도 좀 들어봐야 되니 시간을 달라고 했다.

회사로 돌아온 오영광은 벌컥대며 찬물부터 들이켰다. 계약서를 들고 가 도장도 못 받고 온 자신의 허탈한 손을 내려다보니 한숨이 저절로 터져 나왔다. 도와주지는 못할망정 다 된 밥에 코 빠뜨리는 격으로 계약에 초를 친 허진상을 도저히 이해할 수가 없었다.

“오 과장님 무슨 일 있어요?”

오영광의 표정을 살피며 최고수가 조심스레 물었다.

“아, 글쎄….”

오영광은 기다렸다는 듯 외근지에서 있었던 일에 대해 이야기를 했다.

“세상에! 뭐 그런 인간이 다 있어요? 회사나 상사에 대한 불만 없는 사람이 없다지만 그래도 밖에 나가서, 그것도 위탁사업체 계약을 하러 간 자리에서 그런 험담을 늘어놓다니!”

"그러게요. 없는 데서는 나랏님 욕도 한다지만 아무리 그래도 때와 장소는 가려야죠."

오영광의 이야기를 들은 팀원들은 돌아오는 길에 입이라도 한 대 쥐어박아주지 그걸 그냥 뒀냐며 가슴을 쳤다.

"한번 내뱉은 말은 주워 담을 수 없는 탓에 말로 흥하고 말로 망할 수 있는 게 직장생활이랍니다."

최고수는 정치권이나 사회단체 또는 연예인 등 사회적인 지명도가 있는 사람이 말실수로 인해 곤욕을 치르거나 물의를 빚는 경우가 종종 있는데, 그것은 직장에서도 마찬가지라고 했다.

"흔히 말하는 잘 나가는 조직과 잘 안 되는 조직의 큰 차이점 중 하나가 바로 그 조직 구성원의 태도랍니다."

최고수는 잘 나가는 조직, 잘 되는 조직, 뜨는 조직의 구성원들은 항상 밝고 긍정적이며 활기차고 도전적인 모습이라고 했다. 반면, 잘 안 되는 조직, 망해가는 조직은 무슨 일이든 부정적으로 바라보고, 자신이 받는 월급이나 업무, 상사 등에 대한 불만이 가득하다고 했다.

"맞아요, 맞아! 제가 사람들이랑 친화력이 좋은 편이지만 그래도 회사에 대해 부정적인 말이나 험담을 달고 사는 사람들이랑 함께 일하면 저도 같이 힘이 빠지는 것 같더라고요."

남인교는 부정적인 말은 상대방의 에너지까지 갉아먹으며 조직의 분위기를 해치는 좀벌레와 같다며 맞장구를 쳤다.

"에효, 내일이라도 오 과장님이랑 저랑 다시 가봅시다. 일단 도장을 쾅 받아둬야 마음이 놓이죠."

계약을 체결하지 못한 것이 마음에 걸려 내내 힘이 빠져 있는 오영광이 안쓰러운지 원대한이 지원을 약속했다.

"그래요. 마음 푸시고 오늘 모처럼 우리 팀 회식이나 할까요?"

"우와! 정말이요? 퇴근시간 지났는데 얼른 일어나시죠. 헤헤."

최고수의 회식 제안에 남인교가 노트북을 덮으며 벌떡 일어났다.

"이얏, 이 집 삼겹살은 언제 먹어도 맛있다니까요. 우리 집사람도 휴가 때 여기 와서 고기 한번 먹고는 종종 생각난다며 서울 올 때 사오라고 하더라고요. 하하."

축 처진 분위기를 띄워보려 원대한이 먼저 경쾌한 수다를 시작했다.

"그러게요. 왁자지껄한 시장통 한가운데 이렇게 맛있는 고기집이 있을 거라고 누가 짐작이나 했겠어요? 이게 다 미래 시라서 가능한 일이에요. 헤헤."

정해진도 오늘 만큼은 평소의 반듯한 이미지를 벗어던지고 팀원들을 위해 한몸 헌신하겠다며 수다에 적극 참여했다. 그때였다. 고기집을 들어서던 허진상이 미래전략팀 팀원들을 보며 반갑게 인사를 했다.

"아니, 여기서 다들 뵙네요. 팀 회식인가 봐요?"

"아, 네. 허 대리님은 어떻게?"

"팀원들이랑 약속을 했는데 다들 갑자기 약속이 생겼다며 연락이 왔네요. 온 김에 그냥 혼자라도 먹고 가려고 들어왔어요. 같이 먹어도 되죠?"

허진상은 미래전략팀을 만나 너무 기분이 좋다며 넉살 좋은 미소와 함께 의자를 바짝 끌어당겼다.

"그나저나 우리 부점장 말이에요…."

술이 한두 잔 들어가니 허진상은 입이 풀렸는지 슬슬 회사와 상사의 험담을 시작할 기세를 보였다. 그때 남인교가 싹둑 말허리를 잘랐다.

"아, 그래요! 우리 부점장님, 요즘 너무 많이 달라졌죠? 직원들에게 존댓말도 쓰고 작은 일에도 고맙다고 인사도 하고."

"그러게요. 점장님도 웬만하면 큰 결정엔 직원 전체의 의견을 들어보려 하시고. 잘 되는 조직은 뭐가 달라도 다른 것 같아요."

남인교의 의도를 알아차린 원대한이 적극적인 지원사격에 나섰다.

"할인마트다 보니 다른 일반적인 회사에 비해 휴일에도 근무를 하는 경우가 종종 있지만 그만큼 수당을 챙겨주니 난 그 점도 좋아요. 요즘은 다들 살기가 팍팍하니 휴일엔 따로 아르바이트라도 해야 할 상황인데 우리 회사는 알아서 챙겨주니 얼마나 좋아요. 안 그래요, 허 대리님?"

"아, 네. 그건 그렇죠…."

정해진의 말에 허진상은 더는 말을 잇지 못하고 조용히 고기만 구웠다.

"난 시도 때도 없이 자기가 다니는 회사를 욕하는 사람들 정말 이해가 안 되더라고요. 불만이 있으면 앞에 나서서 당당하게 개선을 제안하든지 아니면 회사를 옮기면 될 것을 왜 뒤에서 그렇게 뒷담화를 하는지, 원!"

"제 친구 중 한 명은 하루가 멀다 하고 회사와 상사 욕을 해대더니 결국 상사 귀에까지 그 얘기가 들어가더라고요."

"당연하죠. 그런 험담을 의리 있게 지켜주는 사람은 별로 없잖아요. 그래서 그 친구는 어떻게 됐어요?"

"에휴, 승진도 계속 누락되더니 결국 못 버티고 회사를 옮기더라고요. 근데 옮긴 회사에서도 그 버릇을 못 고치더니 지금은 메뚜기처럼 이 회사 저 회사 옮겨 다니고 있어요."

미래전략팀은 누렇게 변해가는 허진상의 얼굴을 힐끔거리며 신이 나서 대화를 이어갔다.

"참, 허 대리도 조만간 회사를 옮길 계획이라고요?"

적당한 물밑 작업이 진행되자 원대한이 과감히 작살을 던졌다.

"네에? 그게 무슨?"

"들리는 소문으론, 허 대리가 우리 회사에 대한 불만이 엄청나서 조만간 회사를 옮길 거라고 하던데."

"아, 맞아요. 저도 그 소문 들었어요. 어디 좋은 데서 스카우트 제의 왔어요?"

이번에는 남인교가 원대한을 지원하고 나섰다.

"아이고, 아니에요. 스카우트 제의는 무슨! 그리고 제가 우리 회사 험담을 언제 했다고. 허흠, 다 헛소문이에요, 헛소문."

"그렇죠? 저도 그 얘기 듣곤 헛소문일 거라고 했어요."

정해진이 허진상의 편을 들며 슬쩍 밀당을 시도했다.

"그럼요. 잘하셨어요. 우리 회사처럼 좋은 회사가 어디 있다고 옮기긴 제가 어디로 옮겨요, 헤헤. 어서 쭉 한 잔들 하세요. 오늘 여기 계산은 제가 하겠습니다!"

"오! 정말이요? 허 대리님, 잘 먹겠습니다! 이모님, 여기 삼겹살 3인분 추가요!"

팀원들의 재치 있는 대처에 오영광은 오후 내내 명치를 짓누르던 스트레스가 한번에 날아가는 듯 몸도 마음도 가벼워졌다.

14

나가 아닌
우리라고 생각하라

점심을 먹은 후 오영광은 짬을 내 가전코너를 둘러보았다. 집에서 챙겨온 헤어드라이어가 고장이 나서 새로 하나 살까 하고 살피는데 저쪽 구석에서 주임이 직원에게 소리를 높이고 있었다. 자세히 보니 전산시스템에 서툴러 자신이 교육을 시켜주었던 노여사였다.

"노 여사님, 제발 내가 지시를 하면 잘 좀 알아들으세요. 왜 매번 엉뚱하게 일처리를 하세요?"

"네? 뭐가 잘못 됐나요?"

주임의 호통에 노 여사는 기어들어가는 목소리로 물었다.

"내가 전기밥솥 용량별로 신제품 세 개씩만 앞에 두고 전부 뒤로 빼라고 했죠? 그리고 그 자리에 믹서기 신상품 종류별로 골고루 진열하고 제품 라벨 바꿔달라고 했잖아요. 근데 이 전기밥솥은 신제품도 아닌데 왜 앞에 있으며, 믹서기는 왜 종류를 골고루 진열 안 했어요? 핸드 믹서기들은 전부 다 저 뒤로 가 있잖아요."

"정말 죄송합니다. 제가 주임님 지시사항을 잘못 들었나 봐요."

"어떻게 여사님은 매번 제 지시사항을 잘못 들으세요? 내가 한 번 더 얘기해줬으니 이번엔 제발 똑바로 좀 진열해두세요."

주임은 답답하다는 듯 크게 한숨을 내쉬고는 다른 곳으로 가버렸다.

"여사님, 무슨 일이에요?"

"그게…."

노 여사는 나이가 들수록 업무지시가 점점 어렵게 느껴진다며 걱정스런 표정을 지었다.

"음, 제게 좋은 방법이 있어요. 1층 웰컴미래에서 일하시는 손여사님도 이 방법으로 정말 많이 좋아지셨어요."

오영광은 여행객을 위한 쇼핑 공간인 웰컴미래에 근무하는 손 여사의 이야기를 들려줬다. 손 여사는 처음엔 업무지시에 대한 이해가 느려 애를 먹었지만 오영광이 가르쳐준 방법을 써서 일솜씨가 눈에 띄게 늘었다. 덕분에 여름 단기 아르바이트 기간이 끝난 후 곧바로 1년 계약직으로 채용됐다.

"그래요? 무슨 방법인데요?"

"우선 복사기법을 사용하세요."

오영광은 노 여사에게 언젠가 최고수한테서 배운 복사기법을 처방해주었다.

"네? 복사기법이요?"

"네. 복사기처럼 상사가 한 말을 그대도 되묻는 거죠. 예를 들어, 주임님이 '전기밥솥 용량별로 신제품 세 개씩만 앞에 두고 전부 뒤로 빼세요' 라고 지시했다면 여사님이 '전기밥솥 용량별로 신제품 세 개씩만 앞에 두고 전부 뒤로 빼라고요?' 라고 되묻는 것이죠."

오영광은 복사기법은 상급자의 생각과 말을 정확히 이해하고자 하는 목적도 있지만 혹시 잘못 알아들었을까 봐 걱정하는 윗사람의 마음을 편하게 해주는 효과도 있다고 했다. 또한 자신의 입으로 직접 말을 함으로써 기억력을 높이는 효과도 있으니 노 여사에게 큰 도움이 될 것이라고 했다.

"아, 정말 그렇겠군요."

오영광은 노 여사의 나이를 고려해 복사기법으로 상사의 전달 사항을 되묻는 연습을 몇 차례 반복했다. 설명과 더불어 직접 훈련을 해서인지 노 여사는 이제 잘할 수 있을 것 같다며 좋아했다.

"그런데 무슨 말인지 이해가 잘 안될 때는 어떻게 하죠? 예를 들면 아까 주임님이 나한테 '믹서기 신상품을 종류별로 골고루 진열하라'고 하셨는데, 믹서기도 종류가 있나요?"

노 여사는 자신이 나이가 많아서인지 믹서기는 다 같은 믹서기인 줄 알고 있었다며 난감해했다.

"그럴 때는 내가 상사의 지시를 완전히 이해할 때까지 계속 물어봐야 합니다."

오영광은 상사의 지시 중 애매하고 궁금한 내용은 반드시 재차 물어보거나 복사기법으로 확인하는 게 좋다고 했다.

"아휴, 그게 물어보고 싶어도 잘 안 되더라고요. 미안하기도 하고 또 혹시나 그것도 모르냐며 짜증을 낼까 봐서요."

"지시한 업무를 제대로 하지 못해 무능하다는 소리를 듣거나 업무 실수를 하는 것보단 이해할 때까지 상사에게 물어보는 게 훨씬 나아요."

오영광은 아랫사람의 적절한 질문은 윗사람이 스스로 생각을 명확히 정리하는 데에도 도움을 주니 너무 미안해하거나 부담을 느끼지 말라고 격려했다.

"자, 그리고 제가 믹서기 종류에 대해 설명해드릴게요."

"아이고, 고마워요. 오 과장님."

작은 도움에도 환하게 펴지는 노 여사의 얼굴을 보며 오영광은 앞으로 가전코너를 더 자주 찾을 것 같은 예감이 들었다.

유기농 쌀을 제품화하는 과정에서 오영광은 제품개발팀과 협력하도록 지시받았다. 타 부서와 함께 일하는 것이 불편하고 번거롭긴 했지만 신제품 개발이다 보니 당연한 지시라 여겼다. 그런데 정작 오영광을 힘들게 하는 것은 고리타분한 제품개발팀 팀장이었다. 이런 성향의 사람이 어떻게 제품개발팀 팀장이 됐는지 의아할 정도로 지나치게 전통적이고 보수적인 사고방식의 소유자였다.

"포장단위가 너무 작은 것 아니에요? 모름지기 쌀은 큰 포대로 팍팍 쟁여놔야 마음이 든든하죠. 안 그래요?"

그는 고급화 콘셉트에 어울리지 않은 푸짐한 양을 고집했고, 독신자나 여행객을 위한 소포장은 아예 거론할 가치가 없다며 오영광의 말을 싹둑 자르기도 했다. 혼자 사는 사람이나 여행지에서 잠깐 끼니를 해결하는 사람들은 대충 해먹는 습관이 강하기 때문에 비싼 쌀을 좋아하지 않는다는 것이었다.

"와, 정말 제품개발팀 팀장님 때문에 돌아버릴 것 같아요. 유기농 쌀을 왜 제품화하는지 그 배경 자체를 이해 못하는 것 같아요. 아니, 이해할 마음이 전혀 없는 사람 같아요."

오영광은 제품개발팀 팀장의 생각이 자신의 생각과 달라도 너무 다르다며 답답해했다.

"오 과장님 마음 충분히 이해해요. 그런데 이럴 때도 전략이 필요해요."

최고수는 자신의 생각이 상사의 의견과 대립될 때는 상사의 의견에 무조건 따르거나 자신의 의견을 끝까지 관철하는 방법, 그리고 상사를 설득할 수 있는 전략적 방법을 구사하는 방법이 있다며 어느 것이 현명할지를 물었다.

"상사를 설득할 수 있는 전략적 방법을 구사하는 것이 현명할 테죠."

"맞아요. 상사의 의견과 맞서는 것은 옳은 방법이 아니에요. 만일 상사가 그 일에 대해 전혀 의견을 갖고 있지 않다거나 직원의 의견을 충분히 수용할 수 있는 스타일이라면 의견을 관철해보는 것도 나쁘지는 않습니다. 하지만 나름대로의 의견이 있고 대립이 되는 상태라면 전략적 방법을 구사하는 것도 상사와 소통하는 훌륭한 방법이 됩니다."

이어서 최고수는 상사를 설득하는 전략적 방법에 대해 설명했고, 오영광은 노트를 꺼내 메모를 했다.

"먼저 1단계는 '전략적 후퇴'입니다. 일단 경청의 자세로 상사의 의견을 잘 듣고 메모를 하는 거죠. 이때 상사의 마음이 부하직원에게 다소 열린답니다. 자신의 의견을 적극적으로 듣는 부하직원에게 강한 반대의견을 제시하는 상사는 드물거든요."

"아하…"

오영광은 최고수의 말에 크게 고개를 끄덕였다. 다짜고짜 "그건 아니죠!"라고 덤비는 부하직원은 자신이 상사라 해도 강하게 누르고 싶을 것 같았다.

"2단계는 '객관화 단계'입니다. 자기 혼자만의 시간을 갖고 자신과 상사의 의견을 잘 따져보고 분석하는 과정이죠."

최고수는 이 단계에서 '상사는 무엇을 주장하는가?', '그것을 주장하는 이유(배경)는 무엇인가?', '그 의견의 장점은 무엇인가?', '그 의견의 단점은 무엇인가?'를 꼼꼼히 살펴 상사의 예상 질문을 뽑아보고 대응 답변과 논리를 준비해야 한다고 했다.

"3단계는 '협의 단계'입니다. 상사를 다시 찾아가 최종적으로 의견을 조율하고 협의를 이끌어내는 단계죠. 이전 단계에서 충분히 검토하고 객관화했기 때문에 더 이상 막무가내로 자신의 의견만을 내세우진 않겠죠. 꼼꼼히 검토하고 분석한 내용으로 말하니 상사를 설득하는 것이 훨씬 수월합니다."

최고수는 3단계에서 반드시 지켜야 할 점은 먼저 상사의 의견을 존중하고 그 의견의 장점을 칭찬한 다음에 비로소 자신의 의견을 꺼내는 것이라고 했다. 자신의 의견부터 꺼내면 상사도 인간인지라 거부감이 들 수 있다는 것이다.

"최종 결론이 어떻게 나든 제일 중요한 것은 상사와 맞서 싸우지 말아야 한다는 것입니다."

최고수는 상사는 맞서 싸우는 대상이 아니라 설득의 대상이라며 그 어떤 순간에도 감정이 아닌 전략으로 대처해야 한다고 강조했다.

"에효, 쉬운 일이 없군요."

"그럼요. 우리 미래점만 하더라도 백여 명의 직원들이 서로 다른 백여 개의 생각과 마음을 갖고 있어요. 그것을 하나로 모으고 한 방향으로 이끄는 것이 얼마나 어려운 일인데요. 그럼에도 서로의 생각을 무시하고 외면하는 것이 아닌 설득하고 조율하는 소통 과정을 통해 진정한 '우리'가 되는 것이 아닐까요?"

최고수는 '나'가 아닌 '우리'라는 생각으로 일을 진행한다면 뭐든 다 잘될 것이니 너무 걱정 말라며 오영광을 격려해줬다.

"이봐요, 미스 최. 고객응대 태도가 왜 그 모양이에요?"

"네? 그게 무슨?"

"아, 됐어요! 말을 말아야지, 원!"

영업팀 팀장이 매장을 순찰하다 말고 식품코너 직원에게 버럭 소리를 쳤다. 직장 내에서 직급과 무관하게 서로 존댓말을 쓰자는 제안이 받아들여져 하대를 하는 풍경은 사라졌지만 나이나 직급이 낮은 직원에게 윽박지르거나 화를 내는 일은 여전했다.

"영업팀 팀장님은 왜 저래요? 왜 그러는지 말을 해야 뭐가 잘못된 건줄 알고 직원이 고치죠."

점심식사를 마치고 사무실로 올라가던 미래전략팀 팀원들은 매장에서 큰소리가 나자 무슨 일인가 싶어 귀를 쫑긋 세웠다.

"그러게요. 요즘 사람들은 다들 이유는 설명을 안 하고 대뜸 화부터 낸다니까요. 말을 안 하는 데 그 속을 누가 안다고."

팀원들의 말을 듣다 보니 오영광은 자신과 아내의 관계도 별다르지 않다는 생각이 들었다. 떨어져 지내는 기간이 길어진데다 서로 직장에서의 업무가 바쁘다 보니 언젠가부터 '왜', '어떻게'가 빠진 알맹이 없는 말들이 오가고 있었다.

"됐어. 당신이 늘 그렇지 뭐."

"그래, 그만하자."

지난 주말, 오랜만에 집에 들른 오영광은 아내와 또 다투고 말았다. 아내와 떨어져 지내면서부터 별것 아닌 말이나 행동에도 서로 예민해져서 목소리를 높이거나 화를 내는 일이 잦아졌다. 차라리 왜 그런지 속 시원히 얘기라도 해주면 좋으련만 단답식의 대화가 늘면서 어느 순간부턴 습관이 된 듯했다.

"근데 점심도 거의 안 드시던데."

"그러게요. 주말에 집에도 다녀오셨으면 힘이 나야지, 왜 이렇게 기운이 없어요?"

팀원들이 오영광의 얼굴을 살피며 조심스레 물었다.

"그게…."

오영광은 요즘 들어 부쩍 나빠진 아내와의 관계에 대해 털어놓으며 조언을 구했다.

"에효, 나랑 비슷하네요. 주중엔 서로 바쁘고 피곤하니 전화통화를 해도 밥 먹었냐, 잘 자라는 간단한 인사가 전부예요, 그리고 주말에 어쩌다 집에 가도 둘 다 아이 챙기랴 밀린 집안일 하랴 하루 종일 바쁘니 대화는커녕 쉴 짬도 없어요. 그러다 보면 사소한 것에도 다투게 되고 화내게 되더라고요."

원대한 역시 오영광과 비슷한 상황이었다. 서로 서운한 감정이 쌓이는 것 같은데 표현을 하기보다는 짜증을 내거나 화를 내는 일이 더 많다며, 원대한은 늘 뒤늦은 후회를 하지만 잘 안 고쳐진다고 했다.

"두 분 다 답을 알고 계시면서 실천을 안 하고 계시군요."

두 사람의 이야기를 가만히 듣고 있던 최고수가 언어 습관을 조금 바꾸는 것만으로도 충분히 해결점이 보인다며 웃었다.

"아까 매장에서 영업팀 팀장님 보셨죠. 직원의 고객응대태도가 못마땅한지 화를 내기만 하고 왜 그런지 설명을 안 해주잖아요. 직장에서든 가정에서든 상대의 말이나 행동에 대한 올바른 피드백을 해주는 것만으로도 소통이 원활해지고 관계가 좋아질 수 있어요."

최고수는 사람들과의 교류에서 상대를 칭찬하거나 지적하거나 나무라는 등의 모든 반응이 피드백인데, 피드백은 크게 긍정적인 피드백과 부정적인 피드백으로 나뉠 수 있다고 했다.

"음, 그러면 매번 긍정적인 피드백을 하라는 말씀인가요?"

"그건 아니에요. 마음에 들지 않는데 마음에 드는 척 할 순 없잖아요. 그러면 오히려 내가 스트레스를 받게 돼요."

"그럼 어떻게?"

"긍정적인 피드백이든 부정적인 피드백이든 그것을 건설적인 방향으로 사용하면 돼요. 부정적인 내용의 피드백이라도 차분히 자신의 생각과 감정을 설명하며 건설적으로 표현한다면 상대의 잘못을 교정하게 되고 행동과 태도를 변화시킬 수 있어요. 그런데 같은 부정적인 피드백이라도 화를 내거나 짜증을 내는 등 파괴적으로 표현한다면 상대는 모멸감을 느끼게 돼 관계가 더욱 악화된답니다."

최고수는 긍정적이면서 건설적인 피드백을 주로 사용하면서 부정적이면서 건설적인 피드백을 적절히 사용하는 것이 훌륭한 피드백의 모습이라고 했다.

"예를 들면, 여보 오늘 당신 옷이랑 머리랑 정말 멋진데! 딱 내 스타일이야. 그런데 여기서 체중만 조금 더 줄이면 다들 당신한테 연예인이라고 하겠어."

"풉! 정말 멋진 남편이네요."

남인교의 능글맞은 연기에 다들 웃음을 터뜨렸다.

"아까 영업팀 팀장님의 경우 미스 최에게 어떻게 피드백했었어야 할까요?"

최고수가 팀원들에게 물었다.

"미스 최, 하루 종일 서서 일하려니 많이 힘들죠? 정말 고생이 많아요. 그런데 말이죠, 나는 미스 최가 고객의 질문에 조금 더 친절하게 응대해줬으면 좋겠어요. 가끔은 미스 최가 고객에게 대답을 하는 모습을 보면 안쓰럽다는 생각이 들 정도로 지쳐 보인답니다. 어떨 땐 나까지 같이 힘이 빠진다니까요."

이번에는 원대한이 영업팀 팀장의 말투를 흉내 내며 대답했다.

"오! 부정적인 피드백이지만 화가 아닌 자신의 생각과 감정을 설명하는 건설적인 피드백을 하니 훨씬 부드러운 소통이 되는군요."

"맞아요. 화를 낸다고 해결되는 건 아무 것도 없어요. 화를 내면 이성적인 판단이 사라지고, 교정적 피드백이 학대적 피드백으로 바로 바뀌게 되죠. 또 감정은 다시 감정을 불러오기 때문에 상대도 화를 내게 돼 관계를 더욱 악화시키게 되죠."

최고수는 피드백에 감정을 지나치게 많이 사용하는 것은 매우 위험한 일이며, 바람직한 피드백을 위해서는 화를 내지 말고, 정리된 자기감정을 표현하는 법을 익혀야 한다고 강조했다.

퇴근 후 숙소로 돌아간 오영광은 최고수에게 배운 피드백 방법대로 아내와의 대화를 시도했다. 늘 그렇듯 무뚝뚝하게 전화를 받는 나진솔에게 오영광은 자신의 감정을 솔직하게 표현하며, 조금 더 친절하게 전화를 받아줬으면 좋겠다는 말을 했다.

"미안. 노력해볼게. 난 그냥 당신이랑 함께 있고 싶은데 그러지 못하니까 자꾸 짜증이 나고 화가 나는 거 같아. 이렇게 전화 통화를 하고 주말에 가끔 얼굴을 봐도 당신이 너무 피곤해하니 말을 거는 것도 조심스럽고."

나진솔도 자신의 감정을 솔직하게 말해주었다. 오영광은 아내에게 미안한 마음과 더 노력하고 싶은 자신의 마음을 전했다.

"여보, 이번 주말엔 당신이 미래 시에 와주지 않을래? 당신한테 보여주고 싶은 것도 많고, 미래 시의 싱싱한 활어회도 사주고 싶어. 와줄 거지?"

"응. 나 솔직히 당신이 왜 한 번도 나한테 오라고 안 하나 내심 서운했거든. 헤헤."

나진솔은 오늘밤은 정말 편안하게 잠들 수 있을 것 같다며 수줍게 웃었다.

효과적인
보고로
소통도 하고
점수도 따라

직장생활에서 가장 중요한 것 중의 하나가 바로 '보고'다. 보고를 잘못하면 큰 화를 불러올 수도 있다. 현장에서 난 사고를 제대로 보고하지 않고 은폐할 경우 회사의 존폐까지 연결될 수 있다.

보고에는 구두보고와 문서보고가 있다. 보고는 문서로만 하는 것으로 잘못 생각하기 쉬운데, 구두보고와 문서보고가 잘 배합이 되면 매우 효과적이다. 문서가 완벽하지 못하다면 차라리 구두보고에 신경을 쓰는 것도 좋은 방법이다.

보고에도 요령이 있다. 보고를 할 때는 우선 이 보고를 왜 하는지 생각하고 해야 한다. 그리고 상사의 입장에서 보고의 내용을 훑어봐야 한다. 특히 상사는 돈이 들어가는 일인지 아닌지가 매우 중요하기 때문에 그러한 관점에서 보고해야 한다. 그 외에도 보고의 목적을 한 문장으로 명확하게 요약할 수 있어야 한다. 또한 보고의 목적을 효과적으로 달성할 수 있는 보고의 수단을 고민해야 한다. 이와 더불어 타이밍도 고려해야 한다. 또한 중간보고 없이 최종보고만 하는 것은 매우 어리석은 행동이다. 상사와 의견조율도 하지 않고, (상사가 느끼기에) 강압적으로 최종보고를 하는 것은 보고의 효율성을 떨어뜨리는 원인이 될 수 있다. 중간보고를 하지 않고 진행했을 경우 중간에 상황이 변할 수도 있고 상사에게 다른 아이디어가 떠올라 방향 자체가 바뀔 수도 있다. 이런 경우 애써 완성한 최종보고가 오히려 혼란을 가중시킬 수 있다. 그로 인해 상사와의 관계만 나빠지고 소통의 문이 닫힐 수 있다. 따라서 중간보고는 반드시 해야 할 아주 중요한 일이다. 아래는 중간보고를 효과적으로 활용하는 방법이다.

첫째, 일의 진척도와 이슈에 대하여 주기적으로 보고한다.

중간보고를 하지 않으면 상사는 궁금한 마음에 자꾸 확인하려 들지도 모른다. 이로 인해 자칫 내 자율성이 침해되는 결과가 발생할 수 있다.

둘째, 상황이 급변하였을 때는 긴급하게 보고한다.

요즘처럼 급변하는 대·내외적 환경 속에서는 중간에 일의 방향이 바뀌거나 극단적인 경우 폐기되는 경우도 있다. 이런 때 보고의 시점을 놓치게 되면 노력에 대한 인정은 고사하고 회사에 큰 손해를 끼칠 수 있다. 상황이 변하면 무조건 긴급하게 보고를 해야 한다.

셋째, 지시가 이상할 경우는 일정 정도 고민한 후에 중간보고를 실시하여 방향을 수정한다.

때에 따라서는 상사가 깊이 생각하지 않고 지시할 수도 있다. 따라서 진행하는 과정에서 앞뒤가 맞지 않거나 오류가 있는 경우 지체 없이 중간보고를 실시하여 방향을 재수정하고 바로 잡아야 한다. 오히려 보고를 하는 과정에서 명확한 설정을 하게 되어 일이 더 수월하게 풀릴 수도 있다.

넷째, 항상 복수의 대안을 고민한다.

보고를 준비하는 과정에서는 여러 개의 대안을 준비하는 것이 효과적이다. 더불어 각 대안의 강, 약점까지 분석해둔다면 훌륭한 중간보고가 될 것이다.

다섯째, 완성되지 않은 초안의 보고서를 보고한다.

완성되기 전에 초안이 나오면 완벽하지 않아도 무조건 보고서를 갖고 들어가 상의를 해야 한다. 실무자는 좀 더 완벽한 보고서를 꾸미고자 하는 욕구가 강하다. 그런 욕구를 물리칠 수 있어야 한다. 초안을 들고 가서 빨리 방향에 대한 확인을 받아야 한다. 이렇게 해야 업무시간을 더 줄일 수 있고 명확한 상사의 방향을 파악하게 된다.

15
소통과 협업도
기술이다

"큰일 났어요! 지금 우리 미래점에 저승사자가 와 있어요!"

"네? 그게 무슨 말이에요?"

"저승사자요. 방 본부장님 말이에요!"

휴게실에서 직원들이 하는 얘기에 놀라서 직접 매장까지 가서 확인하고 왔다며 남인교가 목소리를 높였다.

"아, 우린 이제 죽었다!"

정해진이 어찌 할 바를 몰라 허둥대며 말했다.

"어휴, 나도 저승사자는 싫은데…."

오영광도 잔뜩 긴장한 표정으로 사무실을 두리번거렸다. 업무적인 부분이야 잘못한 게 있으면 팀장인 최고수가 날벼락을 맞을 테지만 혹시라도 사무실을 둘러보러 오면 그 잔소리를 감당할 자신이 없었다.

"어휴, 난 어디 외근이라도 가야겠다."

원대한은 주섬주섬 자료를 챙기며 외근준비를 서둘렀다.

"본부장님이 그렇게 무서워요?"

업무협의를 위해 미래전략팀을 찾았던 제품개발팀의 허 대리가 사람들의 갑작스런 호들갑에 어안이 벙벙해서 물었다.

"그 양반 별명이 왜 저승사자인데요, 마음에 안 드는 건 가차 없이 뒤엎어버리기도 하지만 무엇보다도 한 번 찍은 직원은 끝까지 물고 늘어져서 기어이 퇴사하는 꼴을 봐야 멈춘대서 저승사자예요."

남인교는 서울 본부에서 근무할 때 친한 동료들에게서 전해 들었다며 몸을 부르르 떨었다.

"그건 맞는 말이기도 하지만 틀린 말이기도 해요."

사무실을 들어서던 최고수가 피식 웃으며 말했다.

"네?"

"방 본부장님이 한 번 찍은 직원을 끝까지 물고 늘어져서 퇴사를 시키는 것도 맞는 말이지만, 반면 그렇게 찍은 직원을 최고의 리더로 키워놓기도 하세요."

"네? 설마요!"

"근데 팀장님도 우리 본부장님을 아세요?"

예상치 못한 최고수의 말에 여기저기서 질문이 터져 나왔다. 그때였다.

"잘 알다마다. 하하하!"

방 본부장이 미래전략실로 들어서며 호탕하게 웃었다.

"아…안, 안녕하십니까. 본부장님."

놀란 원대한이 말까지 더듬으며 인사를 하자 팀원들도 따라서 인사를 했다.

"잘 지내셨습니까? 본부장님. 한번 뵈러 올라간다는 게 늘 마음뿐입니다."

"자네야 바쁜 사람인데 이렇게 내가 보러오면 되지. 하하."

최고수와 방 본부장이 반갑게 인사를 하자 다들 눈이 동그래져서는 눈치만 살폈다.

"두 분은 어떻게 아시는지?"

궁금함을 참지 못하고 원대한이 먼저 입을 열었다.

"하하. 내가 예전에 이 친구를 아주 제대로 물었거든."

"네? 그게 무슨 말씀이신지?"

이번에는 오영광이 물었다.

"아, 오영광 과장이군! 열심히 잘 하고 있다고?"

"네? 아, 네."

느닷없는 방 본부장의 칭찬에 당황한 오영광은 말을 얼버무리며 한 발짝 뒤로 물러섰다. 방 본부장 눈에 띄어 좋을 게 없다는 게 그의 생각이었다.

"이봐 최 팀장, 내가 조만간 이 친구도 한번 제대로 물어줄까 생각중인데, 자네 생각은 어떤가?"

"좋죠! 제가 볼 때 오 과장뿐만 아니라 우리 미래전략팀 친구들 한 번씩 다 골고루 물어주셔도 되겠는데요. 하하하!"

도통 의미를 알 수 없는 말을 주고받던 최고수와 방 본부장은 차나 한 잔 하자며 옥상정원으로 향했다.

"뭐지? 저 이상한 관계는?"

두 사람의 뒷모습을 물끄러미 쳐다보던 원대한이 고개를 갸우뚱거렸다. 오영광은 뜻을 알 수 없는 방 본부장의 말 한마디에 등골이 오싹해지는 기분까지 들었다.

방 본부장을 배웅하고 다시 사무실로 돌아온 최고수 주위로 기다렸다는 듯 팀원들이 몰려들었다.

"도대체 두 분 어떤 관계세요? 혹시 친척?"

"하하. 아니에요. 본부장님은 전에 내가 해운대점에 근무할 때 부점장님으로 모셨던 분이세요."

"아하…."

최고수는 10여 년 전 누리마트 해운대점에서 계약직 사원으로 일할 때 방 본부장이 자신을 정규직이 될 수 있도록 이끌어주었다고 했다.

"그때 전 정말 죽어라고 일했어요. 당장 동생들 학비며 생활비를 벌어야 했으니 쫓겨나지 않으려면 남들보다 더 열심히 일할 수밖에 없었어요."

최고수는 하루도 빠지지 않고 다른 사람보다 30분 일찍 출근을 해서 자신이 일하던 신선코너를 광이 나도록 청소했다. 그리고 누가 가르쳐주지 않아도 어깨너머로 선배들이 하는 것을 보며 일을 배웠다. 그러던 어느 날, 당시 부점장으로 있던 방 본부장이 최고수를 찾아왔다.

"본부장님이 대뜸 내게, '열심히 하는 것과 잘하는 것은 뭐가 다를까요?'라고 묻더군요. 내가 대답을 못하고 있자, '그럼 열심히 하는 것과 잘하는 것 중 뭐가 더 중요할까요?'라고 다시 묻더군요. 곰곰이 생각해보니, 아무리 열심히 해도 그게 성과로 이어지지 않는다면 소용이 없기에 잘하는 것이 더 중요하다고 대답을 했어요."

최고수의 대답을 들은 방 본부장은 다시 '그럼 자신은 잘하고 있다고 생각하나요?'라는 질문을 했다. 최고수는 솔직하게 '아니요'라고 대답을 했고, 그때부터 방 본부장의 혹독한 트레이닝이 시작됐다.

"나중에 안 일인데 본부장님도 평소 나처럼 매일 30분 일찍 출근을 하셨대요. 우연히 나를 발견한 이후 줄곧 내 모습을 지켜보셨다고 해요. 그런데 젊은 친구가 땀을 뻘뻘 흘리며 열심히는 하는데 일솜씨가 도통 늘지를 않더래요. 안타까운 마음에 본부장님이 직접 저를 찾아오셨고, 그때 이후로 저를 확 물고는 제 능력을 쭉쭉 키워 결국 신선코너 주임자리까지 올려놓으셨어요. 하하."

최고수는 그때 방 본부장 때문에 흘렸던 땀과 눈물이 해운대 앞바다의 수심을 더 높여놨을 거라며 껄껄댔다.

"정말 의외네요."

오영광은 상상조차 되지 않는 의외의 방 본부장 모습에 입이 떡 벌어졌다.

"그러게요. 지금까지 본부장님 흉봤던 게 다 미안해질 정도에요."

원대한은 팀장들끼리 모이면 방 본부장에 대한 뒷말을 많이 하는데, 자신은 대부분 듣고만 있는 편이지만 그래도 왠지 미안한 마음이 든다고 했다.

"우리는 흔히 직장에서 소통이라고 하면 동료 또는 고객과의 소통만을 생각하는 경향이 있어요. 하지만 그 못지않게 중요한 것이 상사와의 소통이랍니다. 상사에 관한 험담이나 뒷담화는 결국 상사의 귀로 들어가 큰 곤욕을 치르게도 되지만 무엇보다 중요한 것은 이것이 직장에서의 소통을 가로막는 강력한 장애물이라는 점입니다."

최고수는 굳이 상사에 대한 뒷담화를 해야 한다면 칭찬으로 하라고 조언했다.

"사실 상사들이 우리 팀장님만 같다면야 당연히 뒷담화도 칭찬일색이겠죠. 그런데 현실은 그게 아니니…."

남인교는 자신이 직접 겪어본 상사들 중에도 어떻게 그 직급까지 올라갔는지 의구심이 들 정도로 별로인 사람도 있다고 했다.

"상사의 존재를 무시해서는 안 돼요. 상사가 나보다 높은 직급에 있는 것은 다 그만한 이유가 있답니다. 나이가 많다고 해서, 회사를 오래 다녔다고 해서 무조건 직급이 올라가는 것은 아니니까요. 상사는 내가 모르는 그만의 주특기와 전략, 기술이 있기 때문에 그 자리에 있는 것입니다."

최고수는 업무능력이나 인간성, 말솜씨 등 모든 면에서 완벽은 없으니 나의 성장을 바란다면 상사의 단점보다는 장점을 보고 배워야 한다고 했다.

"음, 그래서 팀장님이 본부장님과 친해질 수 있었던 거군요. 단점보다는 장점을 먼저 보고 배우려 했기 때문에."

오영광은 이제 이해가 될 것 같다며 고개를 끄덕였다. 방 본부장이 사람들이 알고 있는 것과는 전혀 다르게 아주 자상하고 훌륭한 인물이라서가 아니라 최고수 스스로가 상대의 장점을 보려 했기에 관계의 선순환이 일어났던 것이다.

"상사와의 소통은 단지 업무적으로 대화를 주고받는 데서 그치지 않아요. 상사와 적극적으로 소통하면 업무적인 도움을 받는 것은 물론이고 상사만이 갖는 독수리의 눈을 빌릴 수도 있어요."

"독수리의 눈이요?"

"네. 오랜 기간 상사가 터득한 노하우와 업무비결을 알게 되는 거죠. 사실 그런 건 책으로도 배울 수 없는 아주 귀한 보물이거든요."

듣고 보니 정말 그랬다. 미래점으로 내려와 최고수와 함께 일하면서부터 오영광은 업무능력뿐만 아니라 현상을 파악하고 결과를 예측하는 시각이 훨씬 더 예리해진 것을 느끼고 있었다.

"에이, 아무리 그래도 싫은 사람은 정말 싫던데."

정해진은 미래점의 부점장의 경우 최근 들어 조금씩 긍정적으로 바뀌고는 있지만 여전히 마음에 안 드는 점이 많다며 입을 삐죽 내밀었다.

"상사가 내 마음에 들 필요는 없습니다. 회사를 관두지 않는 이상 상사가 마음에 안 든다고 해서 내가 어떻게 할 수 있는 것은 없습니다. 내가 상사에게 맞춰야죠."

최고수는 너무 사랑해서 결혼한 부부도 마음에 들지 않는 점은 있기 마련이라며, 상사 역시 내 마음에 쏙 들 수는 없으니 그저 타산지석이라 여기며, 내가 그 위치에 올라가면 저렇게 하지 않으리라 다짐하면 된다고 했다.

"그리고 상사의 지시가 마음에 들지 않으면 무조건 반발하기보다는 상사와 충분히 의논하세요. 그 과정에서 더 새로운 것을 배울 수 있답니다. 상사와 소통하면 훨씬 더 많이 성장하게 된다는 사실을 꼭 기억하세요."

최고수는 팀원 모두에게 훗날 직원들과 잘 소통하는 훌륭한 상사가 되려면 지금의 상사와도 소통을 잘해야 한다며 씽긋 웃었다.

"아까 사무실에서 팀장님이 하신 얘기를 듣고는 은근히 걱정이 되기 시작했어요."

오랜만에 팀 회식을 하며 원대한이 사무실에서 나눴던 얘기를 다시 꺼냈다.

"나 역시 누군가의 부하직원이기도 하지만 또 누군가의 상사이기도 하잖아요. 나와 함께 일했던 직원들은 나를 어떻게 생각했을까, 앞으로 어떻게 처신을 해야 직원들에게 욕을 얻어먹지 않을까가 슬쩍 염려되네요."

원대한은 갑자기 유통본부에서 함께 일했던 박 과장이 생각이 났다. 입사 선배인데다 나이까지 다섯 살이나 많은 박 과장은 뒷담화로도 모라자 앞담화까지 해대던 인물이다. 처음에는 나이 어린 후배에게 팀장 자리를 뺏긴 분풀이 정도로 생각했는데 갈수록 그 정도가 심해져서 어느 날부터는 그냥 '나쁜 놈'으로 여기며 생각의 뒷전으로 밀어두었다.

"그 친구가 나한테 팀장 자리를 뺏긴 것 때문에 그러는 건지, 아니면 내가 정말 상사로서 부족한 점이 많아서 그러는 건지 잘 모르겠어요."

"아휴, 원 차장님이 어때서요? 본부에 있을 때 얼마나 유능한 분이라고 소문이 났는데요. 그냥 젊은 나이에 팀장이 되니 다들 부럽고 샘이 나서 그런 거니 신경 쓰지 마세요."

남인교가 원대한의 빈 잔에 소주를 가득 따르며 위로의 말을 했다.

"원 차장님이야 워낙 훌륭한 상사이신데 뭘 그런 걱정을 하세요. 정작 걱정을 해야 할 사람은 전데요."

술이 몇 잔 들어가자 오영광이 발그레한 얼굴로 고민을 털어놓았다. 언젠가는 팀장이 될 테고, 빠른 시일 안에 그런 날이 오기를 바라지만, 막상 그날이 왔을 때 자신이 잘해낼 수 있을지 염려가 된다고 했다.

"특히 직원들과의 소통이 염려되네요. 업무야 능력이 되니 그 자리까지 올라가겠지만 소통은 업무능력과는 다른 것이잖아요."

가뜩이나 낯가림이 심하고 남한테 신세 지는 것도, 남이 자신에게 신세 지는 것도 싫어하는 개인주의 성향이 강한 탓에 오영광은 자신이 진정한 리더가 될 수 있을지 스스로도 의문스러웠다.

"다들 뭔 걱정이 그렇게 많답니까? 모르면 배우면 되고, 부족하면 채우면 되죠. 소통의 기술 또한 타고나면 더없이 좋겠지만 대부분은 후천적인 노력과 학습으로 이루어진답니다. 그러니 배우면 됩니다."

최고수는 소통을 위해서는 무엇보다도 상대의 말을 잘 들어주는 경청의 태도가 필요하다고 했다. 특히 리더가 조직원의 말을 경청하면 조직원은 자신의 생각을 정리하는 과정에서 통찰을 얻고 창조적인 아이디어를 도출해낼 수 있기에 소통이 곧 성과로까지 이어질 수 있음을 강조했다.

"그런데 경청에도 단계가 있어요. 경청의 높은 단계가 '적극적 경청'이고, 그보다 더 높은 단계가 바로 '공감적 경청'이에요. 단순히 열심히 들어주는 단계를 벗어나 그 사람에게 감정이입을 하고, 공감해주고, 그 사람의 입장이 되는 단계가 공감적 경청이랍니다. 이런 공감적 경청을 위해서는 말하는 사람의 표면적인 말과 행동뿐 아니라 속마음까지 주의를 기울이며 이야기를 들어야 해요."

최고수는 공감적 경청을 위해서는 무엇보다도 상대에 대한 선입견을 지우고 지금 현재 상황에만 집중해야 한다고 했다. 그리고 이야기 자체에만 매몰되지 말고 전체적인 상황에 주의를 집중해야 함을 강조했다. 또한 정확한 내용의 확인을 위해 '복사기법'으로 자신이 들은 것을 다시 되물어볼 필요가 있다고 했다.

"마지막으로 공감적 경청을 위해서는 말이나 행동의 이면에 담긴 진짜 의미를 파악할 줄 알아야 합니다. 예를 들어 '회사를 그만두고 싶어요'라고 말하지만 사실은 '지금 너무 힘드니 좀 도와달라'거나 '나를 좀 인정해달라'는 의미일 수도 있거든요."

"아, 그건 정말 이해가 되네요. 저도 진짜 속마음은 숨기고 그렇게 에둘러 얘기할 때가 종종 있거든요."

최고수의 말에 정해진이 크게 공감하며 고개를 끄덕였다.

"듣는 것도 잘해야 하지만 말하는 것도 잘해야 하잖아요. 요즘은 상사라고 해서 직원들에게 무조건 강압적으로 대하다가는 왕따 당하기 십상이라…"

"하하. 맞아요. 그래서 필요한 게 질문을 통한 열린 소통이랍니다."

자신과 방 본부장이 진정한 소통을 할 수 있었던 계기가 바로 방 본부장의 소통법에 있다며, 최고수는 직원들에게 강압적인 지시가 아닌 질문을 통한 열린 소통을 한다면 훨씬 더 부드러운 소통이 될 수 있다고 했다.

"질문을 통한 열린 소통이요?"

"네. 질문은 팀원 스스로 문제가 무엇인지 인식할 수 있도록 해주고, 해결방안을 스스로 도출해내며, 잠재된 능력과 가치를 스스로 발견하여 실천하도록 하는 강력한 힘을 갖고 있답니다. 따라서 직장에서의 올바른 질문법을 익혀둔다면 큰 도움이 될 거에요."

최고수는 빠른 처리를 요하거나 사안의 중대성을 감안한 상황이 아니라면 가급적 '예' 또는 '아니오'와 같이 단답형으로만 대답할 수 있는 '닫힌 질문'을 지양하라고 했다. 훌륭한 리더는 회의에서 단답형 질문을 통해 특정한 결론을 내리지 않고 '열린 질문'을 통해 구성원의 생각을 확장시키고 다양한 아이디어가 나올 수 있도록 분위기를 만들어간다는 것이다.

"그 외에도 '과거 질문'과 '미래 질문'을 적절히 사용하는 것도 중요합니다."

최고수는 질문 내용에 과거에 관한 단어가 포함되어 질문을 하는 '과거 질문'은 주로 기술적 업무가 약하고 숙련도가 떨어지는 신입사원에게 업무 후 문제점을 파악하고 스스로의 업무를 돌아볼 수 있도록 만드는 유용한 질문법이라고 설명했다.

"과거 질문은 문제를 도출해낼 때, 과거의 경험을 살려 미래의 방향성을 결정하기 위한 방법으로도 유용하게 활용될 수 있어요. 또한 현장에서 발생된 문제점을 철저히 규명할 때에도 필요한 질문법이죠."

이어서 '미래 질문'에 대한 설명이 이어졌다.

"'이 제품은 앞으로 누가 활용하면 좋을까요?', '다시 그 일을 한다면 중점을 둘 것은 뭔가요?'와 같이 질문에 미래형 단어가 포함되어 있는 것이 '미래 질문'입니다. 미래 질문은 미래에 대한 비전과 목표, 방법을 설정할 때에도 도움이 됩니다."

최고수는 미래 질문을 할 때 질문을 받는 사람이 자신의 의견을 적절히 내놓을 수 있도록 유도하는 것이 중요하다고 강조했다. 그 과정에서 직원은 참신한 아이디어를 내놓거나 향후 자신이 어떻게 노력해야 할지를 스스로 파악하게 되고, 나아가 행동의 개선까지 뒤따를 수 있다는 것이다.

"그리고 '~하시오', '~하지 마시오', '이것 하시오'와 같은 '지시형 질문'은 구체적이고 특수한 요구사항이 필요할 때만 사용하는 게 좋아요. 그 외에는 대부분 '~해볼까?' 혹은 '~하는 것이 어떨까?'와 같은 '권유형 질문'을 하는 게 좋답니다. 상대의 마음을 상하게 하지 않을 뿐더러 그 사람의 의견도 들을 수 있으니 일거양득이죠."

"항상 그렇게 '아름다운' 소통만을 할 수는 없잖아요. 예컨대 직원이 큰 실수를 했거나 잘못이 반복된다면 따끔하게 혼을 내는 것도 필요하잖아요."

원대한은 자신이 팀장으로 일을 할 때 가능한 한 아랫사람들과 부딪히지 않으려 노력했지만 그럼에도 훈계가 필요한 상황이 오더라며 난감해했다.

"당연히 조직생활을 하다 보면 훈계를 해야 하는 상황도 생기죠. 그런데 같은 말이라도 '이걸 지금 보고서라고 만든 거예요?'와 같은 훈계형이 아니라 '이 보고서에 더 보충할 점은 없는지 다시 한번 점검해보겠어요?'와 같은 권유형 질문으로 바꿔 사용해보세요. 그러면 상대의 마음을 덜 상하게 하고, 개선도 더 빠르게 유도할 수 있어요."

"오호, 그거 정말 효과가 있겠는걸요. 듣는 부하직원 입장에서도 훨씬 마음이 덜 상하고."

220

"허허, 이봐요 남 대리님, 내 잔이 너무 허전하니 좀 채워주지 않겠어요?"

원대한이 자신의 빈 잔을 남인교에게 쑥 내밀며 최고수가 말한 권유형 질문을 적극 활용했다.

"하하하! 다들 응용력이 너무 뛰어나시네요. 그런데 관찰력은 좀 부족하신가요?"

이번에는 최고수가 빈 술잔을 오영광 앞으로 쑥 내밀며 넉살 좋게 웃었다. 때론 냉철하고 합리적인 모습으로, 때론 푸근하고 따뜻한 모습으로 팀을 이끌어가는 최고수의 모습을 보며 오영광은 미래의 자신도 저런 모습이면 좋겠다는 생각을 했다.

경청의
비밀
8가지

역지사지	상대방의 입장에서 생각하라
상대방의 요구 이해	상대방이 무엇을 원하는지 간파하라
공감하기	아군이라는 인식을 심어주어라
눈 맞추기	눈은 마음의 창이다
고개 끄덕이기	수긍은 공감이다
관심과 흥미 보이기	사람은 관심을 보이는 사람에게 관심을 가진다
공감하는 언어 표현하기	"네", "그렇지요", "당연하지"
상대방의 말을 재진술하기	앵무새가 되어라

Part 04

위기관리로
조직을
보호하라

현장의
힘

16

잘나갈 때
위기관리를 해야 한다

"그럼 그렇지! 우리 누리마트의 명성이 어디 가겠어?"

"그러게요. 난 매출 떨어질 때도 그다지 걱정을 안했어요. 금방 이렇게 다시 1위 자리를 되찾을 줄 알았거든요."

"행복마트 녀석들, 다시 2위로 떨어져서 죽을 맛일 거야. 생각만 해도 고소하다. 크크."

11월의 시작과 함께 누리마트 미래점 곳곳에선 자축의 목소리가 높았다. 미래전략팀이 온 이후 점점 매출이 상승하더니 마침

내 행복마트를 누르고 지역 1위의 자리를 탈환한 것이다.

"이게 다 점장님 덕분입니다."

"아이고, 아니에요. 부점장이 내 옆에 든든하게 있어줘서 이런 좋은 날이 온 거예요. 하하."

1위 탈환 소식에 가장 크게 기뻐한 것은 점장과 부점장이었다. 행복마트에게 1위를 뺏기는 그 순간부터 겉으로 내색은 안 했지만 마음은 가시방석에 앉아 있는 것처럼 따끔거렸다. 게다가 본부에서까지 호들갑을 떨며 특전사팀을 내려 보내니 마이크 뺏긴 가수처럼 당황스럽고 허탈하기까지 했다. 매출상승에 이어 다시 지역 1위의 자리를 되찾았으니 이젠 두 다리 쭉 뻗고 잠들 수 있을 것 같았다.

"이번 다과회는 좀 더 성대하게 준비해서 자축회를 겸하는 건 어때요?"

"아이고, 좋습니다! 샴페인은 제가 준비하겠습니다."

"그럼 케이크는 내가 준비를 하죠. 3단이 좋을까요? 아님 기왕하는 것 5단으로 해버릴까요? 하하하!"

점장과 부점장은 서로 축하의 말을 주거니 받거니 하더니 급기야는 앉은 자리에서 자축회 상차림 메뉴까지 결정해버렸다.

"이게 뭘까요?"

남인교가 사무실로 들어서며 하얀 봉투를 요란스레 흔들어댔다. 최고수가 외근을 나간 사이 점장이 복도에서 마주친 남인교에게 대신 전해준 것이다.

"헉! 벌써 금일봉이 하사된 거예요?"

눈치 빠른 정해진이 봉투를 냅다 가로채더니 호들갑스럽게 물었다.

"이 정도면 쇠고기를 먹어도 되겠는걸요. 하하!"

"그러게요. 난 마블링 예술인 꽃등심이 먹고 싶은데, 헤헤."

금액을 확인한 오영광과 원대한도 오랜만에 제대로 된 몸보신을 하겠다며 좋아했다.

"다들 뭐가 그렇게 신나요?"

외근에서 돌아온 최고수가 떠들썩한 사무실의 분위기에 의아해하며 물었다.

"1위 탈환 기념으로 그간의 노고를 치하하는 금일봉이 하사됐거든요. 헤헤."

남인교는 입이 귀에 걸려서는 최고수에게 봉투를 건네주었다.

"이제 우린 다시 서울본부로 귀환하는 거죠?"

금일봉도 좋고 꽃등심도 좋지만 정해진은 서울로 다시 돌아갈 수 있게 됐다는 사실이 가장 기쁘다고 했다.

"아직 돌아갈 수 없습니다."

"아니, 왜요? 1위를 다시 뺏었잖아요. 그거 하러 우리가 여기

온 거 아닙니까?"

최고수의 낮고 단호한 말에 원대한이 황당하다는 표정으로 따지고 들었다.

"샴페인을 터뜨리기엔 아직 이릅니다. 최소 3개월은 꾸준히 1위 자리를 지키는 것이 확인돼야 우리 팀은 철수할 수 있습니다."

"지금처럼만 하면 되지 않습니까? 그걸 굳이 3개월이나 지켜보고 있어야 하나요?"

어이가 없기는 오영광도 마찬가지였다. 오영광은 '심플라이프 존'과 '웰컴미래'를 비롯한 각종 기획을 성공시켜 신규매출을 안정적으로 창출시켜뒀는데 굳이 자신들이 여기를 지키고 있을 이유가 있느냐며 따지듯 물었다.

"매출을 높이고 1위의 자리를 탈환하는 것 못지않게 중요한 일이 우리의 숙제로 남아있습니다."

"그게 무슨 말입니까?"

"우린 지금부터 미래점이 위기를 예방하고 관리할 수 있는 능력을 키우도록 도와야 합니다."

최고수는 홍수, 태풍, 가뭄, 지진과 같은 각종 자연재해나 취급 부주의로 인한 가스폭발, 전기누전 사고와 화재 같은 각종 사고, 그리고 테러, 지구 온난화로 인한 기후변화, 고객의 선호도 변화, 홈페이지 해킹으로 인한 기술과 정보 유출 등 기업을 둘러싼 다양한 환경들이 기업경영에 직접적인 타격을 주는 위험요소로 작용할 수 있다고 했다.

"아니 홍수, 가뭄, 지진 같은 그런 끔찍한 재해가 실제 일어날 확률이 얼마나 된다고 그것 때문에 우리가 여기 남아야 한다는 거죠? 그리고 우리가 남는다고 그런 재해가 닥쳤을 때 뭘 할 수 있겠어요?"

서울로 돌아가는 대로 여자 친구와 결혼식을 올리기로 약속한 남인교는 크게 실망한 표정으로 목소리를 높였다.

"업계 1위를 유지하던 식품회사가 상품 내 이물질 발견으로 하루아침에 바닥으로 추락하고, 임직원 개인의 올바르지 못한 행동으로 기업 이미지가 추락하고 상품 불매운동이 벌어지는 것이 과연 남의 일인가요?"

쌓아올리는 것은 많은 시간과 노력이 들지만 무너지는 것은 한순간이라며, 최고수는 어렵게 쌓아올린 것을 지키기 위해서는 평소 위기예방과 위기관리에 최선을 다해야 한다고 강조했다.

"사실 저도 그런 사건이 터진 회사 제품은 거부감이 크더라고요. 심지어 회사 이름만 들어도 미간이 찌푸려질 때가 많아요."

어찌 됐건 금일봉을 받았으니 꽃등심은 먹자며 미래전략팀은 다 함께 고깃집을 찾았다. 정해진이 팀원들에게 소주를 따르며 먼저 위기관리에 대한 이야기를 시작했다. 자신들에게 남겨진 마지막 과제이니 끝까지 잘하고 싶다는 마음이 컸다.

"사람 마음은 다 비슷해요. 그래서 그 마음이 모여 공룡과도 같던 거대 기업을 무너뜨리기까지 하는 거죠."

정해진이 물꼬를 트자 최고수가 기다렸다는 듯이 이야기를 이어갔다. 그는 굳이 임직원의 잘못이나 실수가 아니더라도 기업경영 활동에 지대한 영향을 초래할 긴급한 상황들은 많으며, 지금 이 순간에도 쉴 새 없이 그런 일들이 일어나고 있다고 했다.

"이렇게 위기라는 것은 '예측의 어려움'과 '급속한 상황전개'를 특성으로 하고 있답니다. 그래서 관련 시기에 해당 기업에 결정적 변화나 손실을 줄 수 있고, 나아가 기업의 존폐 문제에 직·간접적으로 영향을 줄 수 있는 것이죠. 결국 위기는 언제나 발생할 수 있고 우리 주변에 늘 상존하고 있는 것임을 잊지 말아야 합니다."

최고수는 위기에 직면하면 기업의 운명과 조직원의 운명이 동일함을 인정하고 함께 위기에 대처하는 마인드를 갖고 극복해나가야 한다고 강조했다. 그리고 이렇게 제대로 된 마인드로 무장한 직원이 '강한 직원'이며 그들이 속한 조직이 '강한 회사'라는 말도 덧붙였다.

"결국 기업에서 발생할 수 있는 모든 위기를 조직의 임직원 모두가 똘똘 뭉쳐 함께 극복해야 한다는 말이군요."

가만히 최고수의 말을 듣고 있던 원대한이 짧은 한 마디로 요점을 정리하며 재차 확인을 했다.

"맞는 말이긴 하지만 그건 차선책입니다. 위기는 극복보다 더 중요한 것이 예방이고 관리거든요. 도둑이 들기 전에 미리 외양간을 꼼꼼하게 점검해야 하고, 도둑이 든 것을 알았을 때 적극적으로 도둑을 내쫓아야 합니다. 이도 저도 다 못해 결국 도둑이 소를 훔쳐갔다면 외양간을 고침으로써 이후 다른 소는 절대 도둑맞지 않도록 주의해야겠죠."

최고수는 기업의 위기관리는 기업을 운영하는 과정에서 맞닥뜨리게 되는 여러 가지 위험을 감지하고, 실제 이런 위험이 발생할 경우 손실이 발생하기 전에 여러 가지 수단과 방법을 사용하여 배제하거나, 발생된 후에 이를 극소화하는 등의 적절한 조치를 취하는 활동을 일컫는다고 설명했다.

"그런데 말이죠, 꼭 그렇게 미리 위기관리를 해야 하나요? '닥치면 다 하게 된다'는 얘기처럼 보통은 그런 상황이 왔을 때 다 알아서 잘 대처할 것 같은데요."

"음, 위기관리를 해야 하는 대상은 누구일까요?"

남인교의 질문에 최고수는 다시 질문으로 답을 대신했다.

"그거야 당연히 조직 구성원 모두이겠죠."

이번에는 정해진이 대답했다.

"맞아요. 결국 나라고 예외가 될 수 없다는 말이죠."

최고수는 조직의 구성원이라면 그 누구도 위기에서 자유로울 수 없다며 이것이 곧 우리가 힘을 합쳐 미리 위기를 예방하고 관리해야 하는 이유라고 설명했다.

"하긴, 남의 일이면 '닥치면 다 하게 돼 있어!' 라며 편하게 얘기하겠지만 그게 내 일이면….."

남인교도 최고수의 말이 이해된다며 조용히 고개를 끄덕였다.

"위기상황은 준비되지 않은 기업에 반드시 찾아오게 되어 있어요. 평소 철저한 위기예방과 관리로 준비가 잘된 기업은 위기의 상황을 미연에 방지할 수 있고, 또 위기가 와도 힘들지 않게 잘 극복하고 넘어갑니다. 하지만 준비되지 않은 기업은 사소한 상황도 제대로 관리하지 못해 사태를 악화시키고 급기야는 위기상황으로까지 몰고 가서 끝내 무너져버리게 되거든요."

"결국 윗선을 설득하는 게 관건이겠군요."

최고수의 말이 무슨 의미인지 충분히 이해한 이상, 더는 할까 말까가 아닌 어떻게 해야 더 효율적이고 효과적일 수 있는지를 고민할 때라는 생각이 들었다.

위기관리에 대한 최고수의 이야기를 들은 누리마트 미래점 임원들은 웬 어이없는 소리냐며 목청을 높였다. 출점 이후 6년이 다 되도록 큰 위기 없이 잘 지내왔는데 느닷없이 위기관리를 해야 한다니 황당할 따름이었다.

"지금 우리가 하는 일이 얼마나 많은데, 그런 것까지 언제 다 대비합니까? 일이 터지면 잘 수습하면 되죠. 게다가 위기관리라는 게 결국 돈이나 시간이 소요되는 일인데 그게 당신이 '합시다' 한다고 해서 쉽게 할 수 있는 겁니까?"

"무엇보다 우리 미래점에는 그러한 상황이 있을 수 없어요."

"설령 위기가 발생한다고 해도 본사가 알아서 잘 해결해주겠죠. 대기업이잖아요. 우리 같은 지점이야 그저 장사만 잘 하면 되지 않나요?"

미래점 임원들은 위기에 대해 준비되지 않은 기업의 전형적인 모습을 보였다.

"몇 년 전 모기업의 젊은 영업사원이 부모님 연세의 대리점 사장에게 폭언을 한 것이 밝혀져 엄청난 파문을 가져온 사건 기억하시죠? 일명 밀어내기식의 물량 떠넘기기를 하는 과정에서 대리점 점주에게 욕과 폭언을 했죠. 이 회사는 뒤늦게 대국민사과,

관련자 사직처리 등 사태수습에 나섰지만 오히려 국민들은 불매운동까지 벌이며 철저히 외면했어요."

최고수는 국민이 등을 돌린 이유가 무엇일 것 같으냐며 물었다.

"아무리 물량 떠넘기기가 업계 관행이라지만 부모뻘인 사람에게 그런 무지막지한 폭언을 했으니 쉽게 용서할 수가 없었던 거죠."

영업팀 팀장이 당연한 걸 묻느냐며 입을 삐죽거렸다.

"위기예방을 통해 그런 위기상황을 미리 막을 수 있습니다. 또한 그런 위기상황이 발생되었을 때 제대로 된 위기관리를 통해 피해를 최소화할 수 있습니다. 그 회사만 하더라도 초기대응을 올바르게 했더라면 국민들은 그 회사를 용서해주었을지도 모릅니다. 하지만 어땠나요? 우린 그런 일 없다며 잡아떼는 것으로도 모자라 허위사실 유포로 상대를 나쁜 사람으로 몰아갔죠. 결국 모든 진실이 드러난 후 이 회사는 대국민 사과를 했지만 국민들이 그 사과가 진심으로 느껴졌을까요?"

최고수는 이외에도 여러 기업의 사례를 들며 위기예방과 관리에 대한 교육의 필요성을 설파했다.

"10년 넘게 작은 불 한 번 난 적 없는 조직도 주기적으로 소방훈련을 합니다. 만약의 경우 화재가 발생했을 때 피해를 최소화하고 신속한 대처를 위한 사전 준비 교육이지요. 부점장님의 지적처럼 시간과 돈이 많이 들겠지만 그것이 위기에 제대로 대처하지 못해 손실을 보는 것에 비하겠습니까? 준비가 전혀 되지 않은 상태에서 우리 미래점에 위기가 닥치면 우리 중 그 누구도 무사할 수 없습니다. 부점장님도 마찬가지고요."

"아, 알았어요. 알았어. 그런데 거기다 나는 왜 끌어다 붙여요!"

부점장은 최고수의 말이 무척이나 불쾌하다며 인상을 구겼다.

"더 시간 끌 것 없이 내일부터라도 당장 미래전략팀이 한번 진행을 시켜보세요."

유통본부도 아닌 그룹본사에서 내려온 지시면 자신들의 반대는 의미가 없었다. 점장은 어차피 해야 하는 것이라면 얼른 하는 게 낫겠다며 미래전략팀에 전권을 위임했다.

"위기관리의 필요성에 대해선 충분히 이해했어요. 그런데 도대체 어떻게 위기관리를 하자는 것인지 조금 더 구체적으로 설명을 해주시겠어요?"

조용히 이야기를 듣고 있던 홍보팀 팀장이 최고수에게 물었다. 미래점이 위기관리를 잘하고 있다는 것은 홍보 차원에서도 좋은 이슈가 될 것 같아서다.

"위기관리를 잘하기 위해서는 첫째, 조직원 모두가 발생 가능한 위기 상황에 대해 늘 점검하고 예측해야 합니다. 이를 위해서는 위기상황을 감지할 수 있는 안목을 키워야 하고, 그리고 이를 즉각 보고할 수 있도록 조직 내 커뮤니케이션을 활성화해야 합니다. 그리고 촌각을 다투는 위기의 상황이라면 그 자리에서 바로 원인을 제거할 수 있는 발 빠른 실행력을 갖춰야 합니다."

최고수는 모든 사고는 '하인리히 법칙Heinrich's Law'에서 말하는 '1대 29대 300의 법칙'을 기억하면 예방할 수 있다는 말을 덧붙였다.

"하? 하인리히 법칙이요?"

"네. 하인리히 법칙은 보험회사 직원이었던 하인리히가 통계로 밝혀낸 법칙인데, 모든 대형 사고는 그 전에 29건의 작은 사고가 발생하고 있고, 300건의 전조증상이라고 할 수 있는 가벼운 문제점이 발생한다는 거죠."

미래점 임원들은 최고수의 말에 고개까지 끄덕이며 제법 진지한 태도를 보였다. 최고수가 차분히 설명을 이었다.

"둘째는 일단 위기의 가능성이 감지되면 근본적인 원인 제거를 해야 합니다. 위기가 발생되면 은폐하거나 회피하지 말고 상부에 구두로 먼저 보고 하고, 즉각 해결방안을 수립해 조치를 취해야 합니다. 셋째는 위기에 대비한 계획을 수립하고, 행동 매뉴얼을 작성해야 합니다. 특히 안전이나 재해, 고객 크레임와 관련된 것은 행동 매뉴얼뿐만 아니라 마인드 교육도 함께 실시해야 합니다."

이어서 최고수는 넷째로, 위기관리 훈련을 정기적으로 실시해야 함을 강조했다. 액자 속의 매뉴얼은 아무런 힘도 발휘할 수 없으니 반드시 정기적으로 점검하고 확인하고 훈련을 해야 한다는 것이다. 그리고 다섯째로 조직원 전체의 사전 이해를 구해둘 수 있는 홍보활동을 실시하고 지지기반을 구축해야 한다고 했다. 위기관리 훈련과 매뉴얼 제작 등은 회사 내외의 이해관계자의 협력과 협조가 필수적이며, 실제 훈련 시 임직원 모두의 적극적인 참여가 따라주어야 함도 강조했다.

"그리고 여섯째, 실제 위기상황이 발생하면 행동 매뉴얼에 따른 구체적 상황대응 행동을 실시해야 합니다. 리더의 지시에 따른 전 조직원의 일사불란한 대응이 피해를 최소화할 수 있으니까요. 그리고 일곱째는 상황이 종료된 후 조직의 신뢰와 이미지 회복을 위한 홍보활동을 실행해야 합니다. 마지막으로 여덟째, 실천적 행동 매뉴얼을 미리 미리 준비해야 합니다. 위기를 극복하는 과정에서 미비했던 점을 반성하는 시간을 갖고 이후 새롭게 매뉴얼에 반영해야 합니다. 더불어 이러한 개선점을 회사의 정책에 반영하고 리더들이 숙지해 그 내용을 현장의 모든 직원들에게 전파해야 합니다. 그래야 다시는 그런 위기가 오지 않으니까요."

"에잇, 뭐가 그리 복잡하고 어려워! 여러분, 안 그래요?"

최고수의 말이 끝나기 무섭게 부점장이 과장된 몸짓으로 버럭 소리를 쳤다. 뭐든 초장에 기세를 꺾어놓아야 일이 조금은 수월해진다는 것을 알기 때문이다.

　　"복잡하고 어려워도 해야죠. 설명을 듣고 보니 결국 위기에 대한 책임은 우리 임원진들 몫인 거 같은데, 전 무조건 살아야겠습니다!"

　　"나도요! 빠지려면 부점장님이나 빠지세요. 대신 전 위기상황이 와도 부점장님 못 구해줍니다."

　　"네? 뭐에요! 누가 빠진대요?"

　　예상과는 달리 팀장들이 번갈아가며 최고수를 지지하자 부점장도 이내 꼬리를 내렸다. 위기는 지위의 높고 낮음이나 나이의 많고 적음을 가리지 않고 찾아오는 만큼 위기의 예방과 관리는 선택이 아닌 필수인 것을 깨달은 것이다.

17
진정한 리더는 위기를
예방한다

"어떻게 담배 하나로 회사 전체가 휘청거릴 수가 있죠?"

"그러게요. 이젠 회사 근처에선 침도 함부로 못 뱉고 휴지도 아무 데나 못 버리겠어요."

"요즘은 휴대전화와 SNS 때문에 너도나도 모두 기자라니까요. 불만이 있으면 괜한 입씨름할 필요 없이 사진이나 동영상을 찍어서 SNS에 올리면 그만이잖아요."

휴식 시간에 삼삼오오 모인 직원들은 경쟁사인 플러스마트의 갑작스런 추락에 놀람을 감추지 못했다. 누리마트와 업계 1, 2위를 다투는 플러스마트는 다행히 중소도시인 미래 시엔 입점하지 않아 미래점 입장에선 직접적인 경쟁은 피할 수 있었다. 하지만 대도시에선 공격적인 마케팅으로 늘 누리마트를 위협하고 있었다.

사건의 발단은 아주 작은 것이었다. 플러스마트 식품코너 쌈채소에서 담배냄새가 난다는 고객 불만이 들어온 것이다. 조사 결과 채소 진열을 맡은 직원이 담배를 피운 후 손을 씻지 않은 채 쌈채소를 진열한 것이 밝혀졌다.

"무조건 우린 그런 적 없다고 잡아떼세요!"

"그래도 그게….'

"다음부터 안 그러면 되죠. 이미 입속으로 들어간 상추를 다시 꺼내놓지도 못할 텐데 뭣 하러 인정하고 사과해서 일을 크게 만들어요!"

플러스마트 경영진들은 의논 끝에 일단 '모르쇠 전략'을 구사하기로 했다. 효과가 있었던지 항의를 했던 고객은 얼마간은 잠잠했다. 하지만 오래지 않아 다시 항의를 해왔다. 이번에는 동영상까지 함께 첨부됐다. 동영상에는 식품코너 직원이 매장 밖에서 담배를 피운 후 그대로 매장으로 향해 채소를 만지는 장면이 고스란히 담겨 있었다.

"증거가 있는데 어쩌겠어요. 인정해야죠. 단, 문제를 일으킨 직원이 고객에게 가서 직접 사과하라고 하세요. 우린 여전히 모르는 겁니다. 무슨 말인지 알죠?"

일이 회사 차원으로 확대되면 골머리를 썩는 것은 결국 경영진이기에 여전히 모르쇠 전략으로 밀어붙이기로 했다.

"그나저나 근본적인 해결을 해야 할 텐데요. 담배를 피운 후 직원들에게 반드시 손을 씻으라고 교육을 하고는 있지만 실천이 잘 안되네요. 앞으로 이런 일이 또 일어날 수도 있으니 이참에 직원들에게 금연지시를 내리는 건 어떨까요?"

"담배를 끊는 게 어디 말처럼 그리 쉬운 일인가요? 그렇다고 담배 피우는 직원들 모두를 해고할 수도 없고."

고심 끝에 플러스마트 경영진은 묘수를 생각해냈다.

"담배를 피우되, 회사 유니폼을 벗고 피우도록 지시하는 겁니다. 그러면 그냥 고객이 담배 피우는지 알 테니 문제 될 게 없잖아요."

"오호, 그거 참으로 기발한 생각이십니다."

플러스마트 경영진의 연이은 거짓과 꼼수에 브레이크를 걸고 회사 자체를 휘청거리게 만든 것은 다름 아닌 고객이었다. 평소 그 직원을 유심히 봐뒀던 고객은 어느 날 유니폼을 벗어던진 채, 마치 고객인 양 여유롭게 담배를 피우는 모습을 목격했다. 고객은 즉시 휴대전화를 꺼내 동영상을 촬영했다. 그러고는 이번엔 플러스마트가 아닌 자신의 개인 SNS에 그간의 자료와 함께 불만의 글을 올렸다. 글을 접한 사람들은 자신도 그런 경험을 했다며 공감을 표현하며 글을 퍼 날랐다. 결국 언론에까지 제보가 들어갔고, 플러스마트 경영진은 더 이상 모르쇠 전략으로 일관할 수 없음을 깨닫고 뒤늦은 사과와 해명에 들어갔지만 고객들의 마음은 이미 싸늘하게 돌아선 뒤였다.

"플러스마트는 자신들이 고객의 요구를 묵살해버린 결과가 이렇게 엄청날 줄 알기나 했을까요."

"처음부터 잘못을 인정하고 사과하고 시정을 했더라면 일이 이렇게까지 커지지 않았을 텐데요."

미래전략팀 팀원들 역시 플러스마트 사건으로 한숨을 내쉬고 있었다. 경쟁업체이기 이전에 같은 업계에서 일을 하는 동료로서 안타까운 마음이 컸다.

"애초에 고객이 원한 것은 사과도 관련자 징계도 아닌 그저 '시정'이었습니다. 내 가족이 먹을 음식에서 담배냄새가 나니 다음부턴 그러지 말아달라는 당연하고도 작은 요구를 했죠. 그리고 우린 모르는 일이라며 잡아떼는 그들에게 다시 증거자료를 보내며 진심어린 '사과'를 요구했어요. 하지만 플러스마트는 이것을 직원 개인의 문제로 치부하며 또 모른 척했어요. 게다가 유니폼을 벗고 담배를 피우라는 꼼수까지 부렸죠."

플러스마트는 결국 돌아올 수 없는 강을 건넜고, 고객들은 여러 선택지에서 그들을 아예 제외시켜버렸다며 최고수는 이 일을 타산지석으로 삼아야 한다고 했다.

플러스마트 사건 이후로 누리마트 미래점 직원들은 언젠가 자신들에게도 그런 일이 일어날지 모른다며 불안해했다. 특히 식품을 취급하는 코너의 직원들은 돋보기라도 써야 하는 게 아니냐며 걱정을 했다. 그들처럼 담배를 피운 손으로 음식을 만지는 실수를 하진 않겠지만 자신도 모르는 사이 머리카락이나 기타 이물질이 음식에 들어갈 수도 있는 일이었다.

"그래서 필요한 게 위기예방입니다."

"어떻게 위기를 예방할 수 있을까요?"

오영광은 최고수의 말에 크게 공감했다. 위기가 왔을 때 피해를 최소화할 수 있는 효과적인 대응을 하는 것이 위기관리라면 위기예방은 위기가 오기 전에 미리 그것을 억제하고 차단하는 것을 의미하니 위기예방만 잘 된다면 많은 위기들이 위기가 아닌 채로 그냥 넘어가게 될 것이다. 더군다나 요즘은 인터넷과 SNS

의 발달로 기업들은 과거에 비해 위기 발생이 더 잦아졌고, 그 강도 또한 세졌다. 게다가 나쁜 소식은 더욱 빨리 전파되는 탓에 예방책은 있을지언정 해결책은 없는 경우도 많지 않은가.

"위기의 예방이라는 것은 '조직의 구성원이 경고 신호에 대해 적절히 대응함으로써 위기 발생을 억제하는 단계'를 의미해요. 지금처럼 급변하는 대내외 환경 속에서는 위기란 늘 상존하고 있으며, 어느 상황에서든지 예측하지 못한 상태로 올 수 있어요. 따라서 특정 누군가가 책임을 지고 위기예방을 하는 것보다는 모든 조직 구성원들이 자신의 영역에서 스스로 '위기예방의 담당자'라는 생각을 가지고 예방활동과 감시 활동을 하는 것이 무엇보다 중요합니다."

최고수는 화재를 감시하는 사람이 따로 있는 것이 아닌 것처럼 위기 역시 경고 신호를 감지하는 것은 구성원 모두의 역할임을 강조했다.

"구성원 모두가 적극적으로 위기의 경고 신호를 감지하는 것 외에도 리더, 즉 위기관리자들은 자신의 조직에 적합한 위기예방 프로그램을 결정해 구성원 모두에게 적극적으로 교육하고 훈련해야 합니다."

최고수는 구성원 모두가 힘을 합쳐 위기가 발생하지 않도록 잘 예방한다면 그 조직은 큰 문제없이 지속적으로 성장할 수 있다고 했다.

"플러스마트의 사건을 타산지석으로 삼아 우리 누리마트 미래점에는 그런 위기가 오지 않도록 예방을 하려면 어떻게 해야 할까요?"

원대한은 실제 사례를 통해 위기예방 프로그램을 다함께 수립해본다면 이해가 더 빠를 것 같다고 했다.

"위기예방 프로그램의 기본 구성요소는 크게 두 가지입니다. 첫째, 대응조치이며, 둘째 모니터링입니다. 먼저 대응조치란 내외부에서 보내오는 경고신호를 발견하고 위기로 발전될 가능성을 신속히 제거하거나 원인을 약화시키는 행동과 조치를 통틀어 말하는 것입니다. 이번 플러스마트 '흡연사건'을 예로 든다면, 우리 누리마트 직원들 역시 담배를 피우기 때문에 언제든 그런 위기가 닥칠 위험이 있습니다. 회사에선 담배를 못 피우게 한다지만 흡연은 중독성이 강한 행위이기 때문에 근본적인 해결은 금연 외엔 없습니다."

"그렇다면 결국 직원들이 금연할 수 있도록 회사에서 적극적인 교육 및 홍보를 해야겠군요."

"흡연자들에게 규칙적으로 홍보물을 시청하게 함으로써 흡연에 대한 경각심과 금연의 필요성을 느끼게 해주는 게 좋겠어요."

"실제적인 금연 프로그램을 만들어 그 수행 정도를 체크하고, 일정 구간마다 적절한 포상을 하는 것도 좋을 것 같아요."

    팀원들은 '흡연사건'에 대한 대응조치에 대해 다양한 아이디어를 나눴다. 어느 정도 아이디어가 정리되자 최고수는 위기예방의 구성요소 중 하나인 모니터링에 대한 설명에 들어갔다.

    "둘째, 모니터링은 조직의 대응조치가 효과적인지를 알려주는 기능을 하는 것으로, 피드백을 말하는 것입니다. 이번 '흡연사건'의 경우, 구성원 전체가 모니터 요원이 돼 흡연 직원을 발견하면 즉각 계도하는 것입니다. 모니터링 결과 흡연자가 줄어들지 않는다면 필요에 따라 명단을 공개하는 초강수를 둘 수도 있겠죠."

    "직원 흡연 모니터링뿐만 아니라 실제 제품을 모니터링 하는 것도 필요합니다. 담배 냄새에 예민한 직원들을 뽑아 식품류의 지속적인 모니터링을 맡기는 것이죠."

    "좋은 의견이에요. 이렇게 대응조치에 대한 모니터링을 지속적으로 함에 따라 그 효과성을 측정하고 필요한 경우 적절한 보강책을 취할 수 있습니다."

    최고수는 위기예방을 위해서는 반드시 '대응조치'와 '모니터링'이 병행이 되어야 한다고 강조했다. 만일 모니터링에 따른 피드백이 없다면 원인을 제대로 파악했는지 그에 따른 조치가 제대로 취해졌는지 알 수 없어 같은 위기가 또 생길 수 있기 때문이다.

    "흡연사건 외에도 우리 미래점의 안팎에서 발생될 수 있는 여러 위기들을 예측해보세요. 외부 전문가나 기관의 도움이 필요한 경우 적극적으로 도움을 요청할 계획이니 이 점도 참고하셔서 다양한 의견 제시바랍니다."

최고수는 미래전략팀이 중심이 돼 위기예방 프로그램을 수립해야 하는 만큼 다양한 위기들을 예측해보라고 과제를 내줬다. 그러고는 다시 설명을 이었다.

"위기예방을 위해서는 위기예방 프로그램 수립 외에도 평소 이슈 관리, 그리고 리스크 관리를 잘 해줘야 합니다. 조직에 영향을 미치는 이슈를 찾아내고 분석한 다음, 이슈 관리자들은 체계적인 절차를 사용하여 조직에 긍정적인 방향으로 해결되도록 유도해야 합니다. 즉, 이슈 관리를 통해 이슈가 위기가 아닌 방식으로 해결되도록 유도하는 것이죠."

최고수는 플러스마트의 담배사건이 언론에 대서특필되기 전에 이미 인터넷이나 SNS에서 '할인마트 담배상추', '할인마트 담배냄새', '발뺌 할인마트' 등 할인마트와 관련한 부정적인 검색어들이 등장하고 있었다고 했다. 언론에 노출이 되기 전부터 이미 이슈가 되었던 것이다.

"정확한 사건의 전말이 밝혀지기까지 모든 할인마트들이 잠재적 가해자였던 셈입니다. 만약 우리 누리마트가 평소 이런 이슈 관리에 발 빨랐다면 오히려 이것을 긍정적인 이미지를 확보하는 홍보 전략으로 적극 활용할 수도 있었답니다. 직원들의 자발적인 금연 캠페인, 위생교육, 철저한 식품유통의 과정 등을 보여주었다면 '우린 문제의 그 할인마트가 아니다' 라는 것을 간접적으로 알림과 동시에 '우린 그런 몰상식한 할인마트와는 달리 위생관념이 철저한 기업이다' 라는 이미지를 심어줄 수 있었을 겁니다. 물론 이것은 그 이전부터 금연 캠페인 등을 지속적으로 해왔다는 전제가 있어야겠지요."

최고수는 정해진이 건네준 물을 한 모금 들이키고는 다시 설명을 이었다.

"그리고 위기예방을 위해서는 앞서 말했듯이 리스크 관리에도 노력을 기울여야 합니다. 리스크 관리는 조직이 직면하고 있는 리스크를 줄이기 위한 노력을 의미하며, 리스크 관리 전략 수립에 영향을 미치는 요소는 크게 비용 측면과 기술적 측면 두 가지로 나뉠 수 있습니다."

최고수는 비용 측면은 사망, 부상, 소송 및 재산상 피해 등 리스크로 인해 발생하는 비용은 물론이고 리스크를 예방하거나 경감하기 위한 설비 및 활동 등에 사용되는 비용까지 포함한다고 설명했다.

"기술력 측면은 리스크를 실제로 제거하거나 경감할 수 있는 기술력에 대한 문제를 말합니다. 만약 리스크를 경감시킬 수 있는 기술력이 없다면 어떠한 대응조치도 취할 수 없기 때문에 기술력의 확보는 아주 중요한 문제입니다."

위기 예방과 관련한 대략적인 설명을 마친 최고수는 자리를 옮겨 위기관리에 관한 이야기를 이어가자고 했다. 시계를 보니 퇴근시각이 훌쩍 지나 있었다. 팀원들은 서둘러 자리를 정리했다.

1층 푸드코트에서 간단하게 식사를 마친 미래전략팀은 커피를 준비해 다시 8층 옥상정원으로 올라와 대화를 이어갔다. 늦가을의 저녁 공기는 기분 좋게 서늘했고, 1층 주차장에서 타고 올라온 은은한 음악은 대화의 몰입을 높여주기에 손색이 없었다.

"위기예방이 위기의 발생 확률을 줄일 수는 있지만 완벽하게 막을 수는 없는 거잖아요."

"그렇죠. 모든 위기를 예측하고 예방할 수 있는 것이 아니기에 위기는 언제든 발생할 수 있답니다."

남인교의 질문에 최고수가 고개를 끄덕이며 답했다.

"그래서인지 막상 위기가 발생했을 때는 당황하기 마련이잖아요. 특히 여러 상황이 맞물려 있다면 무엇을 어떻게 해야 할지 헷갈릴 것 같은데요."

"그럴 때는 세 단계로 처리하는 것이 좋아요. 이해하기 쉽게 사례를 들어 설명해볼게요. 내가 끌고 가던 소가 도랑에 빠졌다고 상상해보세요. 어떻게 조치를 취해야 할까요?"

"일단 소부터 끌어내야죠. 그리고 어디 다친 곳은 없나 살펴보고 만약 다친 곳이 있다면 그에 맞는 응급처치 등을 한 후 다시 갈 길을 가야지 않을까요?"

남인교가 자신 있는 목소리로 대답했다.

"다른 분들도 같은 생각인가요?"

최고수의 질문에 다른 팀원들 역시 비슷한 생각이라고 대답했다.

"음, 여러분의 대답은 위기관리의 첫 번째 단계인 '초동 대처 및 대응'에 해당되는 부분입니다. 실제로 우리나라의 대다수의 사람들이 첫째 단계만으로 모든 것을 해결했다고 판단하는 경우가 많습니다."

"그럼 뭐가 더 있나요?"

"소가 어쩌다가 도랑에 빠지게 되었는지 알아내야 합니다. 즉, 이것이 '원인파악' 단계입니다. 그리고 세 번째 단계로, 소가 그 도랑에 다시는 빠지는 일이 없도록 필요한 모든 조치를 취해야 합니다. 즉 '재발방지'를 해야 하는 것이지요."

최고수는 위기의 완벽한 해결을 위해서는 단순히 위기를 극복하는 것뿐만 아니라 원인을 파악하여 예방까지 함께 이루어져야 함을 잊어서는 안 된다고 했다.

"사실 알고 보면 갑자기 닥치는 위기는 없습니다. 우리가 미처 그것을 감지하지 못할 뿐이지요. 위기의 발생과 해결까지의 과정을 관찰하다 보면 크게 4단계를 거친다는 것을 알 수 있어요."

오영광은 가방에서 다시 노트를 꺼냈다. 옥상정원의 불빛이 환했기에 메모를 하는 데 별 어려움이 없을 것 같았다.

"1단계는 '상황 변화'의 단계입니다. 이 단계에선 환경 변화가 외부적으로 혹은 내부적으로 발생합니다. 2단계는 '사건 진전'의 단계로, 사소한 징후는 물론이고 크고 작은 사고나 위험상황이 발생하는 실제 위기상황의 단계입니다. 그리고 3단계는 '초동 대응'의 단계인데, 발생한 위기에 대해 상황을 파악하고 즉각적인 조치를 취하고 이를 주위에 알리는 단계입니다. 이 단계에선 일차적인 원인 파악이 일어납니다. 그리고 마지막인 4단계는 '재발 방지'의 단계로, 사고가 마무리되면 근본적인 원인이 무엇인지 파악하고, 시설을 보강하거나 인력을 훈련시키고, 중장기적으로 제도를 개혁하는 단계입니다."

설명을 마친 최고수는 커피를 한 모금 마시며 팀원들의 표정을 살폈다. 그리 어려울 게 없는 이야기이지만 '위기'란 현실에선 조금의 실수로 엄청난 피해를 가져올 수 있는 것이기에 정확한 이해와 공감이 필요했다.

"예전에 다른 지점에서 위기관리를 할 때 많은 사람들이 위기관리에 대해 잘못 알고 있다는 걸 알게 됐어요. 그 대표적인 것이 '위기는 사람의 실수나 잘못에서 비롯된다' 는 것입니다. 물론 갑질횡포나 비자금 조성 등 최고경영자의 비윤리적 행동이나 구성원의 잘못된 행동 등의 문제가 위기를 몰고 오기도 합니다. 하지만 현대 기업환경에서 심각한 위기는 조직의 구조적인 문제에 의해서 발생하는 경우도 많아요. 예를 들면, 특정 국가에만 공장을 두고 생산품을 만들고 있는데 환율문제로 갑자기 적자가 증폭되어 위기에 빠지거나, 중국의 경우 갑자기 정부 정책에 의해 규제를 받아 수출을 못하게 되거나 물건을 압류당하는 일이 발생하는 경우가 있습니다."

최고수는 그 외에도 자연재해나 인구분포변화 등 다양한 원인을 들며, 위기는 사람의 실수에서만 발생된다는 고정관념을 벗어던져야 한다고 했다.

"위기에 관한 두 번째 실수는 '위기는 무조건 나쁘다' 고 생각하는 거예요. 위기는 효과적으로 극복하면 바로 기회로 전환된다는 양면성이 있답니다. 몇 년 전, 중국산 저가 스마트폰이 우후죽순 등장함에 따라 삼성은 위기를 맞고, 결국 분기별 순이익이 8조 원에서 2조 원대로 추락한 적이 있었죠. 그때 삼성은 그걸 기회로 삼았어요. 디자인을 혁신하고, 저가 상품의 개발을 통한 라인업의 다양화를 이룰 수 있는 계기를 마련했고, 선택과 집중을 통해 비주력 사업체를 과감하게 구조조정했죠."

사례로 든 기업의 경우처럼 최고수는 위기는 무조건 나쁜 것이 아니며, 위기는 오히려 개인과 기업 스스로 모든 정책과 상황을 되짚어볼 수 있는 절호의 기회가 된다고 강조했다.

"위기에 관한 세 번째 실수는 '위대한 리더가 모두 해결할 수 있다'는 생각입니다. 우리는 흔히 위인전이나 영화 등에서 위기를 위대한 리더 한 명이 모두 해결하는 모습을 많이 봤습니다. 하지만 그것은 그저 바람이나 신화에 불과합니다. 이순신 장군이 여전히 우리에게 훌륭한 리더로 기억되는 것은 그를 믿고 따랐던 많은 구성원의 노력이 있었기 때문입니다. 따라서 위기는 탁월한 능력을 가진 리더 개인이 아닌 구성원 모두가 소통하면서 함께 극복해나가는 것이랍니다."

"맞아요. 우리나라가 IMF 외환위기를 극복한 것도 국민 전체의 합의와 노력이 있었기 때문이잖아요."

남인교가 자신의 부모님도 IMF 외환위기를 극복하기 위해 금모으기 운동에 참여했다며 흐뭇한 미소를 짓자 모두들 그때의 기억을 회상하며 잠시 이야기꽃을 피웠다.

"자, 다시 위기에 관한 이야기로 돌아가 볼까요? 위기에 관한 네번째 실수는 '모든 위기를 똑같이 취급하는 것'입니다. 심각한 위기는 일상적 위기와는 다르게 대응해야 하듯이 모든 위기는 대응

방법이 똑같을 수 없습니다. 한 건 한 건이 다 다르다는 생각으로 접근해야 효율적으로 위기를 극복해낼 수 있죠. 그리고 위기에 관한 다섯 번째 실수는 '위기의 실상을 감추려고 한다' 는 것입니다. 위기가 발생하였을 때 이를 인정하고 빠르게 해결해야 피해 규모를 줄일 수 있습니다. 하지만 많은 기업에서는 이를 감추기에 급급하고 밖에 새어나가지 않도록 하는 데에만 노력하는 경우가 많아요."

"그러게요. 그러다 결국 더 큰 낭패를 보게 되는데 그것도 모르고 일단 감추고 보는 거죠. 플러스마트만 해도 그렇잖아요. 그냥 초기에 인정하고 진심으로 사과한 후 개선했더라면 고객이 이토록 분노하진 않았을 거잖아요."

원대한은 요즘같이 SNS가 발달한 상황에서는 감추려는 시도 자체만으로도 더 큰 위기를 불러올 수 있다며 플러스마트의 어리석은 선택에 혀를 내둘렀다.

"5년 동안이나 피해자의 요구를 부정하고 거부한 데다 심지어는 데이터의 조작까지 시도하는 행동으로 결국 전 제품 불매운동으로까지 번진 모 기업의 사례는 어떻고요."

"아휴, 그 회사는 정말 이름만 들어도 온 몸이 부르르 떨린다니까요!"

한 기업의 구성원이기도 하지만 결국 그들 모두가 타 기업의 다양한 제품과 서비스를 이용하는 고객의 입장이었다. 기업의 위기관리는 기업과 고객 모두에게 득이 되는 일이기에 단 한 방울의 땀도 아낄 이유가 없었다.

"마지막으로 여섯 번째는 '과거에 집착'하는 실수랍니다. 내가 해봐서 안다며, 위기가 닥쳐도 과거에 했던 체험과 습관에만 집착하는 경우죠. 게다가 위기가 왔을 때 전체의 안전이 아닌 자신의 자리만을 지키려는 임원과 대표의 이기적인 생각은 위기를 극복하기는커녕 오히려 장애가 되는 경우가 많습니다."

"그런 못난 사람이 우리 기업의 리더가 아닌 것에 새삼 감사한 마음이 드네요."

오영광은 특전사팀까지 만들어 위기에 빠진 지점을 구하려는 리더라면 분명 기업을 위협하는 수많은 위기에 대해서도 적극적인 극복의 의지를 가졌을 것이라고 했다.

"듣고 보니 정말 그러네요. 더군다나 이리도 멋진 팀장님이 계시니 우린 무조건 마음을 하나로 모으고 힘껏 따르면 되는 거죠? 헤헤."

남인교는 반짝이는 눈으로 최고수를 바라보며 배시시 웃었다.

"하하! 알겠습니다. 이제 그만 하고 모두 돌아가셔서 편안히 쉬셔야죠."

눈치 빠른 최고수는 못 다한 이야기는 내일 이어서 나누자며 서둘러 자리를 정리했다.

올바른 위기관리를 위해서는 평소 조직 내에 위기관리와 예방에 관한 올바른 의식이 있어야 한다. 의외로 많은 사람들이 잘못된 합리화로 위기관리와 예방을 제대로 하지 못하고 있다. 현재 상황을 진단한 후 필요하다면 의식 교육도 병행해야 한다.

다음은 위기를 네 가지의 속성별로 구분하고 다시 여기에 해당하는 우리의 위기의식에 대한 내용을 정리한 진단이다. 상황에 대해 합리화하는 의식을 적어놓은 것이다. 전체를 합쳐 여덟 개 이상 Yes가 넘어간다면 위기예방 의식은 심각한 수준이라 할 수 있다. 한번 점검해보자.

속 성	내 용	Check
조직의 속성	① 우리 기업의 규모가 우리를 보호할 것이다. ② 경영관리가 우수한 기업에게 위기란 있을 수 없다. ③ 우리 기업의 위치가 우리를 보호할 것이다. ④ 위기관리 또는 위기예방 따위는 사치스런 것이다. ⑤ 부정적인 뉴스를 가져온 종업원은 비난 받아 마땅하다. ⑥ 종업원이 너무 열심이어서 아무런 의심 없이 믿을 수 있다. ⑦ 비즈니스 목적이라면 위험스런 수단도 정당화 된다.	
환경의 속성	① 대형사고가 발생하면 누군가 우리를 구조할 것이다. ② 변화를 가져올 만한 새로운 것이 실제로 발생하지 않는다. ③ 위기관리는 어떤 특정인의 책임이다. ④ 우리에게 손해를 끼치지 않는 한 그것은 위기가 아니다. ⑤ 사고란 기업 운영의 필요악이다.	
위기의 속성	① 위기에 대응한다는 것은 불가능한 일이다. ② 위기는 독단적으로 발생한다. ③ 대부분의 위기는 저절로 해결되기 때문에 시간이 해결 열쇠다. ④ 대부분의 위기는 기술적 해결을 요한다. ⑤ 위기는 모두 부정적이다. ⑥ 위기는 특별한 절차를 요하지 않는다. ⑦ 일단 위기가 발생한 후에 대응해도 충분하다.	
위기관리 이전의 속성	① 위기관리는 보험과 같이 서류만 비치해두면 안심이다. ② 우리는 위기상황 하에서 효율적으로 움직여질 팀이다. ③ 우리는 위기를 객관적이고 합리적으로 대응할 각오가 되어 있다. ④ 우리는 언론을 조작하는 방법을 알고 있다. ⑤ 위기관리에서 가장 중요한 것은 PR과 광고 캠페인을 통해 조직의 우호적 이미지를 방어하는 일이다. ⑥ 위기관리에서 가장 중요한 것은 기업경영을 순조롭게 하는 일이다.	

18
통찰, 결정, 소통, 집중으로
위기관리를!

"오늘은 뭘 먹어야 잘 먹었다고 소문이 날까요?"

점심시간, 정해진과 함께 푸드코트로 들어서며 남인교가 눈을 반짝였다. 다른 팀원들이 외근을 나간 탓에 오늘은 오붓하게 둘만 점심을 먹는다.

"탕수육이랑 자장면 1인 세트가 나왔네요. 저거 먹어볼까요?"

"뚝배기 불고기도 맛있겠는걸요?"

두 사람이 점심 메뉴를 고르느라 여념이 없을 때 갑자기 여성

고객의 다급한 비명소리가 들려왔다. 사람들이 웅성거리며 몰려가자 두 사람은 위급한 상황이 벌어졌음을 직감하고 황급히 뛰어갔다.

"도와주세요! 제발 우리 애 좀 살려주세요!"

7살 정도의 남자아이가 얼굴이 새파랗게 된 채 괴로워하고 있었고, 아이의 엄마는 '아이가 사탕을 먹다 목에 걸렸다'며 도와달라 울부짖고 있었다. 남인교는 서둘러 아이를 뒤에서 껴안고 하임리히 구조법을 실시했다. 정해진은 아이의 호흡이 돌아오지 않을 때를 대비해 119에 구조요청을 한 후 보호자를 진정시켰다.

남인교는 한 손은 주먹을 쥐고 다른 한 손은 주먹 쥔 손을 감싸 아이의 배꼽과 명치 중간에 위치시킨 뒤 주먹에 힘을 줘 후상방향으로 강하게 밀어 올리기를 반복했다. 몇 번의 반복 끝에 다행히 아이의 입에선 사탕이 튀어나왔고, 아이는 기침을 몇 번 하더니 다시 숨을 쉬기 시작했다.

"아휴, 다행이다!"

지켜보고 있던 사람들은 모두 안도의 한숨과 함께 박수를 쳐댔고, 때마침 도착한 구급대가 아이의 상태를 확인한 후 상황이 종료됐다.

"나 오늘 멋있었죠?"

사무실로 돌아오며 남인교는 갑작스런 위기에도 당황하지 않고 신속히 구조를 한 자신이 대견한지 어깨를 으쓱거렸다.

"그러게요. 하임리히 구조법은 재난 대비 훈련시간에 몇 번 교육받은 거라 나도 알고는 있었지만 막상 눈앞에서 실제 상황이 벌어지니 당황이 되던데."

정해진도 남인교의 차분한 대처를 칭찬했다.

"남 대리님! 오늘 점심 때 활약이 대단했던데요?"

외근에서 돌아온 원대한은 사무실에 들어서자마자 남인교의 활약상에 대해 폭풍 칭찬을 했다.

"어떻게 아셨어요? 회사에 벌써 소문이 났어요?"

"어디 회사뿐인가요. 아예 전국으로 소문이 났어요. 지금 인터넷 검색어 1위에요!"

오영광이 휴대전화를 내밀며 인터넷에 뜬 동영상을 확인시켜 줬다.

"헐!"

정말 자신이 아이를 구하는 장면이 인터넷에 동영상으로 올라가 있었고 그 아래에는 자신을 칭찬하는 글들이 무수히 달려 있었다.

"남 대리님 덕분에 우리 미래점을 칭찬하는 글도 많아요."

최고수도 남인교를 향해 흐뭇한 표정을 지었다. 이번 위기는 누리마트 미래점이 평소 재난에 대비한 응급구조를 전 직원에게 지속적으로 교육한 덕분이라며 곳곳에서 칭찬의 목소리가 높았다. 미래점의 이미지가 좋아진 것도 기뻤지만 무엇보다도 소중한 생명을 무사히 지킬 수 있었다는 것이 기쁘고 감사했다.

"준비된 자에게 위기는 기회가 된다는 말이 정말 제대로 와 닿네요."

오영광은 만약 구조가 신속성과 정확성이 떨어져 5분의 골든 타임을 넘겼거나, 아무도 구조를 하려 나서지 않았다면 결국 그 비난의 화살은 누리마트를 향했을 것이란 걸 잘 알았다. 더군다나 어린 생명이 어이없이 희생됐을지도 모른다. 생각만으로도 온몸이 떨리는 끔찍한 일이었다.

푸드코트 사건 이후로 미래점의 경영진들은 위기의 예방과 관리에 관한 교육에 대해 아주 적극적인 태도를 보였다. 최고수는 '물 들어왔을 때 노 저어라'는 말처럼 분위기가 바짝 고조되었을 때 경영진의 마음에 쐐기를 박는 게 좋겠다는 생각이 들었다. 10월에 이어 11월의 매출도 미래점이 지역 1위를 차지한 덕분에 이제 미래전략팀이 미래점에 머물 수 있는 시간도 얼마 남지 않았다. 그들이 떠나기 전 미래점 경영진들을 확실한 위기관리 리더로 만들어놓을 필요가 있었다.

　최고수는 위기관리를 위한 교육의 일환으로 사례 학습을 계획했다. 다양한 사례를 보여주며 위기예방 교육과 관리에 대한 필요성을 어필하는 것이다.

　"2004년 인도네시아 수마트라 섬 인근 인도양에서 발생한 지진으로 15미터 높이의 엄청난 지진해일이 인근 인도네시아, 스리랑카, 인도, 태국 등을 덮친 사건이 있었습니다. 이 지진해일로 인해 15만 명 이상이 사망하고 수만 명이 실종됐으며, 백만 명이 넘는 이재민이 발생하기도 했죠. 그런데 인도양에 있는 '테레사 섬'의 주민들만 피해를 거의 입지 않았다고 합니다. 도대체 어떻게 된 일일까요?"

　"그야 뭐, 테레사 섬은 사람이 거의 살지 않는 섬이지 않았을까요?"

　부점장의 어이없는 말에 사람들은 못마땅한 표정을 지으며 고개를 좌우로 내저었다. 최고수는 계속 설명을 이어갔다.

　"이 섬에 사는 압둘 라작은 당시 섬의 전망대에서 잠들어 있었는데 엄청난 지진을 느낀 후 바로 마을 주민들에게 대피하도록 전했어요. 언젠가 〈내셔널 지오그래픽〉에서 본 장면을 연상하고 지진해일이 올 것임을 예상한 것이죠. 얼마 있지 않아 세 번에 걸쳐 6미터가 넘는 파도가 덮쳤지만 주민들이 미리 대피한 덕분에 단 세 명의 희생자만 발생했다고 해요."

"오, 텔레비전이나 잡지를 통해 평소 그런 정보를 접해놓는 것도 큰 도움이 되겠군요."

마케팅팀 팀장이 고개를 끄덕이며 말했다.

"당시 가족과 함께 태국의 푸껫에서 휴가를 보내던 영국 소녀 틸리의 경우도 비슷한 사례랍니다. 11살이었던 틸리는 그날 아침에 창밖을 보다가 바닷물이 갑자기 일시에 빠지는 것을 목격하게 돼요. 틸리는 그 이상한 현상이 2주 전 지리시간에 배운 지진해일의 전조 증상임을 깨닫고 소리를 질러 사람들을 대피시켰어요. 덕분에 그곳은 푸껫에서 사망자가 발생하지 않은 유일한 섬으로 기록이 된다고 합니다."

"와! 어린 아이가 정말 대단하네요!"

영업팀 팀장은 틸리의 판단력과 순발력이 보통의 어른들보다 훨씬 더 뛰어난 것 같다며 칭찬했다.

"그게 다 위기를 미리 대비한 덕분이죠."

회의실 여기저기서 위기예방과 관리를 위한 교육의 필요성에 대해 공감의 목소리들이 터져 나왔다.

"맞습니다. 앞의 사례와 같은 재해와 재난뿐 아니라 평소 고객의 클레임, 공장의 화재, 보안사고 등을 예방하고 방지하는 가장 중요한 방어선은 바로 평상시의 지속적인 교육입니다."

최고수는 안전관리 측면에서 매우 철저하기로 유명한 미국의 화학회사인 듀폰^{Dupon} 역시 회의나 교육, 행사 등이 시작되기 전에 직원들은 늘 안전에 대한 이야기부터 한다고 했다. 직원들은 본인의 경험이나 책과 인터넷에 나와 있는 안전에 관한 내용을 주고받으며 안전에 대한 의식을 더 고취시키는 것이다.

"물론 회사 차원에서도 직원을 대상으로 한 다양한 안전교육, 상황별 안전 가이드는 물론 '듀폰 운전면허증' 발급 등을 통해 안전교육에 더욱 신경을 쓰고 있답니다."

최고수는 운전면허증이 있어도 사내에서 별도로 발급하는 '듀폰 운전면허증'을 발급 받아야 사내·외에서 업무상 운전이 가능하다는 설명을 덧붙였다.

"와, 정말 철저하군요."

"그 외에도 듀폰은 아주 사소한 것까지 안전을 신경씀으로써 위기에 철저히 대비하고 있답니다. 사무실에서는 화재에 대비해 플라스틱 휴지통이 아닌 철제 휴지통을 사용하고 있고, 사무실의 문턱을 없애 넘어지지 않도록 하고, 사무실 복도 교차로에는 볼록거울이 있어 부딪히지 않도록 하고 있죠. 게다가 출장이 잦은 직원들은 소지품에 반드시 응급용 구급용품을 지참하도록 하고 있고, 회사 내에는 안전위원회가 있어서 회사 시설물이나 업무와 관련된 각종 안전문제를 찾아 개선하는 일을 담당하고 있습니다.

이 정도로 철저히 안전에 신경을 쓴 덕분에 듀폰은 세계에서 가장 안전한 일터라는 명성을 갖게 되었죠."

"사고가 절대 발생할 수 없는 요소로 무장하고 있군요!"

최고수의 설명에 모두들 대단한 회사라며 감탄을 쏟아냈다.

"사실 듀폰이 이렇게 안전을 중시하는 데는 특별한 이유가 있답니다. 지금으로부터 약 200여 년 전, 회사 화약 공장에서 큰 폭발사고가 일어나 회사가 휘청거리는 위기를 맞았기 때문입니다. 이후 안전규칙을 만들고 안전위원회를 만들면서 안전에 투자를 제대로 단행한 끝에 지금과 같은 안전한 기업이된 것이죠."

"결국 큰 위기 이후 철저히 점검하고 대비함으로써 오히려 안전한 일터라는 명성까지 얻게 된 거군요."

홍보팀 팀장은 위기예방과 관리를 위한 교육은 안전을 지켜내는 것은 물론이고 회사의 이미지까지 끌어올리는 최고의 홍보수단이 되겠다며 고개를 끄덕였다.

"자, 그렇다면 우리 미래점의 위기관리 리더는 누구일까요?"

잠시 휴식을 취한 후 최고수는 다시 경영진들에게 질문을 던지며 회의를 이어갔다.

"그야 점장님 아닐까요? 조직의 리더이니 당연히 위기관리 리더도 점장님이죠."

부점장이 큰 소리로 대답했다. 권한을 주는 척하며 은근슬쩍 책임을 피해보겠다는 심산이다.

"무슨 말입니까! 내가 우리 미래점의 리더로서 할 일이 얼마나 많은데 그런 중책까지 같이 맡아요? 그런 건 부점장이 하던지 팀장들 중 한 명이 하면 되죠."

"아이고, 아니죠. 차라리 위기관리팀을 만들어 새로운 팀장을 리더로 앉힙시다."

부점장이 손을 세차게 내저으며 강력하게 의견을 피력했다.

"우리 미래점의 위기관리 리더는 특정 개인이 아닌 바로 여러분 모두입니다. 기업 현장의 모든 리더들은 스스로 위기관리 리더가 되어야 합니다."

최고수의 말에 다들 난감한 표정을 지었다. 권한은 곧 책임과도 연결되는 것이 아니던가. 더군다나 위기관리라면 그 소임을 다하지 못했을 경우 책임의 무게도 엄청날 것이다.

"위기관리 리더가 되기 위해서는 무엇보다도 '가치관을 명확히 정립'하고 이것을 전 직원이 공유해야 합니다. 더불어 위기관리 리더는 '위기극복에 필요한 능력'이 있어야 합니다."

최고수는 위기관리에 필요한 가치관은 크게 네 가지라며, 차분히 설명을 이었다.

"첫째, '책임경영' 입니다. 대외적 손실을 입히는 위기인 경우에는 기업이 대외적 책임을 지고, 대내적 위기인 경우에는 경영자가 경영위기에 대한 책임을 자발적으로 인정해야 합니다. 책임회피는 위기상황에서 가장 위험한 일임을 명심해야 합니다. 그리고 둘째, '환경에 대한 관심' 입니다. 환경문제에 관심을 갖고, 이해의 수준을 높여갈 때 환경 위기에 효과적으로 대응할 수 있게됩니다. 최근 기업을 둘러싼 이해관계에는 환경문제가 늘 위험요소로 도사리고 있음을 기억해야 합니다."

최고수는 위기관리에 필요한 가치관 중 세 번째로 '직원존중'을 들었다. 위기관리에서는 모두가 하나가 되는 팀워크가 매우 중요한데, 이를 위해 직원에 대한 존중이 회사의 문화로 정착되어야 한다고 했다. 그렇지 못할 경우 사분오열되어 혼란이 가중될 수 있다는 것이다.

"넷째, '수평적 조직구조' 입니다. 위기극복을 위해서는 경영혁신 활동이 필수적이라 할 수 있는데, 수직적 조직구조에서는 혁신 활동이 형식에 그칠 가능성이 높습니다."

"그럼 직위고 뭐고 다 없애라는 건가!"

"아이고, 놀래라. 설명을 좀 들어봅시다!"

부점장이 또 발끈하며 버럭 소리를 지르자 점장이 짜증을 내며 부점장을 나무랐다. 부점장은 입을 삐죽거리며 못마땅해했지만 이내 자세를 고쳐 앉고 다시 최고수의 설명에 집중했다.

"조직의 위계질서를 없애라는 것이 아닙니다. 합의나 공감, 아이디어 도출과 같이 의사소통의 원활함을 필요로 하는 경우 수평적 조직구조의 성격을 띠는 유연함이 필요하다는 의미입니다."

"정리를 하자면, 위기관리에 필요한 가치관은 '책임경영', '환경에 대한 관심', '직원존중', '수평적 조직구조' 라는 거죠?"

제품개발팀 팀장이 메모한 것을 내려다보며 내용을 정리하고 확인했다.

"네, 맞습니다. 자, 그렇게 가치관이 정립되었으면 그 가치관 하에서 이젠 위기관리 활동을 추진할 수 있는 능력을 갖추어야 할 때입니다. 위기관리에 필요한 능력도 크게 네 가지인데요, 첫째, '통찰력' 입니다. 위기상황은 똑같은 일상의 반복 속에서 일어나기 때문에 구분해내기가 어렵습니다. 그래서 상황을 잘 판단할 수 있는 능력인 통찰력이 필요합니다."

최고수는 그 외에도 위기관리 리더가 갖추어야 할 능력으로 '결정력' 을 들었다. 위기를 극복하는데 필요한 핵심적인 활동과 부수적인 활동을 구분함과 동시에 이를 즉시 실행으로 옮기는 결단력이 필요하다는 것이다. 또 '커뮤니케이션 능력' 도 필요한데, 위기관리를 위한 홍보활동 등과 같은 대외적 커뮤니케이션은 물론이고 조직 내부적으로도 구성원들과의 위기에 대한 커뮤니케이션을 통해 정확한 극복 방향성을 잡는 것 또한 중요하다고 강조했다.

"마지막으로 '집중력'입니다. 위기극복을 위한 조직의 모든 활동은 하나의 지향점, 즉 경영이념이나 비전으로 수립되어야 합니다. 따라서 엉뚱한 방향이나 내 마음대로의 행동과 판단이 아니라 회사의 경영이념과 비전에 방향을 맞춘 지향점이 중요합니다."

최고수의 설명이 끝나자 부점장이 헛기침까지 하며 자세를 고쳐 앉았다. 그러고는 번쩍 손을 들었다.

"허흠, 이번엔 내가 정리를 좀 해볼게요. 위기관리에 필요한 능력이 '통찰력', '결정력', '커뮤니케이션 능력', '집중력' 이렇게 네 가지라는 거잖아요?"

"네, 맞습니다. 부점장님 오늘 정말 열심히 집중을 잘하시는데요!"

"나야, 원래 집중력 하나는 끝내주지. 일도 자주 안 해서 그렇지 일단 하면 얼마나 잘 하는데. 안 그래요?"

부점장의 너스레에 다들 마지못해 고개를 끄덕여줬다. 조직의 위기는 단 한 명의 이탈자에 의해서도 오는 것이기에 최대한 어르고 달래 '우리'가 되어야 함을 알기 때문이다.

유능한 위기 관리 리더가 전화위복을 만든다

실제 위기상황이 벌어졌을 때 위기관리 리더의 역할은 아주 중요하다. 다음은 위기관리 리더가 꼭 알아야 할 위기관리 실행원칙 세 가지다.

첫째, 새로운 상황에 맞는 비전과 목표를 설정한다.
위기상황에서는 환경과 상황을 보다 냉철하게 반영한 새로운 비전과 목표를 설정하여 조직의 힘을 집중하는 지향점으로 삼아야 한다. 비전과 목표는 기업이 나아가야 할 방향을 명확히 만들어놓은 나침반과 같다. 이것이 명확해야 조직원이 위기의 상황이 오거나 그렇게 되었을 때 흔들리지 않고 일사분란하게 나아갈 수 있다. 따라서 위기의 상황이 발생하면 리더는 기존의 비전과 목표를 점검해봐야 한다.

둘째, 기업의 현재 상황과 비전과 목표를 공유한다.
위기가 발행하면 기업이 처한 현재 상황과 더불어 새로 수립된 비전과 목표를 효과적인 커뮤니케이션을 통해 조직 구성원 전원이 공유할 수 있어야 한다. 위기상황에 따라 조직구성원의 대응 행동유형은 매우 다양하게 나타난다. 이 경우 공통적으로 필요한 사항은 기업의 위기상황을 정확히 이해하고 위기 해결을 위한 비전과 목표를 공유하는 일이다. 현재 상황에 대한 이해가 동시에 공유되지 않으면 새로운 비전과 목표는 현실감을 잃게 되고, 결국 위기관리 과정에서 계속적인 문제를 일으키게 될 가능성이 높다.

셋째, 유연하고 신속하게 위기극복 활동을 전개한다.

기업의 현재 상황에 맞는 새로운 비전과 목표가 구성원 전체에게 공유가 됐다면, 그 공유된 비전을 바탕으로 신속하고 유연하게 위기극복 활동을 전개해나가야 한다. 신속성, 유연성이 위기극복 활동의 핵심 열쇠다. 아무리 상황을 잘 판단하고 합리적인 비전과 목표를 세웠다 하더라도 신속하고 유연한 극복 활동이 없으면 무의미하다.

▶ 신속성 : 위기상황에서 경쟁력의 패러다임은 신속성으로 볼 수 있다.

▶ 유연성 : 위기상황 이전까지의 행동양식에서 벗어나 모든 것이 가능하다는 열린 마음으로 생각하고 행동해야 한다.

19

위기를
시나리오로 관리하다

"너무 피곤하다, 피곤해!"

지난 몇 달 동안 미래점의 변화와 혁신을 거치면서 직원들은 종종 피로감을 호소했다. 그동안 변화 관리를 꾸준히 해왔다고 해도 익숙한 것과의 결별이 쉽지는 않았다.

"자, 그래도 지금껏 잘 해왔잖아요. 다들 힘낼 수 있도록 우리부터 으샤으샤 하자구!"

늦은 오후, 잠시의 휴식을 위해 옥상정원으로 나온 미래전략팀 팀원들은 팔을 한껏 뻗어 기지개를 폈다.

"근데 그 이야기 들었어요?"

"무슨 이야기요?"

"협력업체가 되고 싶다고 뻔질나게 미래점에 찾아왔던 대박식품 박 사장 소문 말이에요."

정해진은 남인교에게 청과물 코너 직원에게 들은 이야기를 꺼냈다. 할인마트와 학교 등에 식자재를 납품하던 박 사장은 미래점에 납품하려고 꾸준히 접촉을 해왔다. 박 사장은 입버릇처럼 "대박!"을 외치고 다녔던 사람이다. 자기와 함께 일하면 대박이 난다고 늘 호언장담을 했다.

"일단 한번 믿고 계약하시면 누리마트 미래점 야채코너를 비롯한 신선코너는 대박이 난다니까요!"

그는 미래점을 오가며 얼굴을 익혔던 몇몇 직원에게 "인생도 대박을 노려야 해요"라는 말을 종종 했다. 그래서 별명이 '대박사장'이었다. 워낙 시원시원하게 말하고 친근함을 드러내던 사람이라 미래전략팀 팀원들과도 알고 지냈다.

"그 대박사장이 주식을 했다가 왕창 말아먹었다는 거예요."

"주식?"

박 사장은 대박을 노린답시고 주식을 했는데, 주식공부나 자료 분석은 그다지 신경 쓰지 않았다. 그는 늘 귀한 정보를 주는 친구가 있다고 자랑삼아 이야기하고 다녔다.

"매번 작전주 정보를 구할 채널이 있다고 자랑하며 나보고도 적금을 깨서 투자하라고 하더니 어떻게 된 거죠?"

오영광도 박 사장의 이야기를 듣고 얼마 전에 자신에게 마치 비밀스러운 이야기를 전하려는 듯 귀띔해주던 모습이 떠올랐다.

"이번에 영남권 신공항 테마주가 있잖아요. 이제 곧 발표가 날 텐데, 확실히 이쪽 지역이라고 합니다."

박 사장은 스마트폰으로 지도를 보여주며 한 지역을 콕 집었다. 정치권에서도 이미 결정이 난 상태라면서 이변은 있을 수 없으니 몽땅 집어넣었다고 자랑했다. 오영광은 딱히 주식을 하지 않던 터라 그저 웃고 말았다.

신공항 선정은 박 사장의 예상을 빗나가도 한참이나 빗나가버렸다. 언론을 비롯해 시중에서 거론돼왔던 두 지역은 모두 탈락했고, 기존에 있던 공항을 확장하는 것으로 발표가 나고 말았다.

정해진은 회계팀이라 주식에 관심이 많았는데, 그도 신공항 관련 테마주에 관심이 많았다. 이를 알고 있던 남인교가 넌지시 물었다.

"정 대리님은 어떻게 됐어요? 신공항 테마주를 샀다면서요?"

"말도 마요. 워낙 변수가 많은 터라 대박을 노리다가 자칫 쪽박 차는 게 아닌가 싶어서 분산투자를 했죠. 그러니까 신공항 테마주에 전부 투자하려다가 마침 바이오 분야의 테마주가 눈에 띄어서 양쪽으로 나눠서 투자를 했죠."

정해진은 예상과 다른 위기가 발생할 것을 대비해서 다른 업종에 분산하여 투자했다. 그 덕분에 많은 사람들의 예상을 뒤엎는 신공항 발표가 났을 때 손실을 줄일 수 있었다.

"신공항 테마주 때문에 울상인 사람들이 많은데 나는 그나마 손실이 적었어요. 바이오주가 오른 덕분에 손실을 상쇄하고도 남았죠. 그렇지만 박 사장은 많이 심각한가 보던데요."

"주식도 늘 위기상황을 대비해야죠. 박 사장은 아마 위기 시나리오를 미처 마련하지 못했나 보네요."

옥상정원의 휴식타임에 합류한 최고수가 팀원들에게 음료수를 건네며 말했다.

"어, 팀장님 오셨어요?"

"정 대리는 그래도 나름 위기 시나리오를 떠올린 덕분에 손해를 적게 본 거에요."

"위기 시나리오?"

최고수는 주식을 비롯해 기업 경영은 늘 불확실한 환경에 놓이기 때문에 위기 시나리오를 갖춰야 한다고 했다. 주식을 한곳에 몰아 투자하는 것보다 나름대로 실패를 예상하고 안전장치를 마련해야 하는 것처럼 기업이나 마트의 경영도 대응책을 미리 마련해야 한다는 것이다.

미래전략팀의 사무실은 얼마 전부터 긴장감이 서서히 맴돌았다. 보궐 선거를 통해 당선된 시장은 '전통시장 살리기'를 최우선 공약으로 내세웠다. 당선된 뒤 가장 먼저 찾아간 곳이 지역 재래시장일 정도로 전폭적인 관심을 보여주고 있었다.

"아무래도 인근 재래시장 쪽의 움직임으로 타격을 받을 듯합니다. 특히 청과물, 수산 등 식품 쪽 타격이 예상되는데, 뭐 이벤트라도 해야 되지 않을까요?"

"그런 식의 대응은 자칫 마진 축소와 가격 하락 등 제살 깎아먹는 것밖에 되지 않을 텐데요. 게다가 재래시장과의 마찰은 더 심해질 수도 있어요."

미래 시 지자체와 재래시장은 광폭적인 행보를 하고 있었다. 대형마트나 백화점처럼 할인쿠폰을 발행하는 것은 물론이고 관광객을 타깃으로 한 테마 이벤트까지 계획하고 있었다. 지역 투어 프로그램과 전용 관광버스를 배치해서 관광객들까지 재래시장으로 끌어들이겠다는 계획이었다.

"시와 재래시장의 계획은 단순한 이벤트가 아니잖아요. 기존의 재래시장 이미지를 확 바꾸는 혁신이자 지역 유통의 패러다임을 바꿀 전략이에요. 그런데 우리의 대응이 그저 가격경쟁과 이벤트라면 버틸 수가 없죠."

최고수는 잠시 사람들의 이목을 끄는 이벤트로는 힘들다면서 팀원들에게 유인물을 나눠줬다. 그 유인물은 〈시나리오 경영〉이라는 제목이 적혀 있었다.

"기업은 늘 불확실한 미래에 대비해야 합니다. 누리마트가 미래 시에 들어올 때만 해도 선점인데다가 새로운 서비스와 상품으로 시장을 공략한 덕분에 성공할 수 있었죠. 그때는 불확실한 미래보다 장밋빛 현실이 더 눈에 띄었겠죠. 하지만 지금 보세요. 어떤가요? 사실 그때부터 이런 상황을 대비했어야 합니다."

"물론 그때 대비했어야 하지만, 지금 그런 이야기를 하는 것은 괜한 질책이나 소 잃고 외양간 고치자는 식으로 들릴 수도 있지 않을까요?"

오영광은 조심스레 지적했다. 그러자 최고수는 빙긋 웃더니 유인물을 보자며 이야기를 이어갔다.

"지금 그때의 오류에 대해 시시비비를 가리자는 게 아니에요. 아직 시와 재래시장이 본격적으로 움직이지는 않으니 지금이라도 시나리오를 짜서 대응을 하자는 겁니다. 그러기 위해서 먼저 여러분들이 시나리오 경영에 대해 기본적인 사항은 알아두자는 의미이니…."

최고수는 시나리오 경영이 위기를 대비하기 위해 준비하는 것이지만, 즉흥적인 아이디어나 단순한 추측이 되어서는 안 된다고 했다.

"여러 가지 경우의 수를 생각해야 합니다. 얼마 전 대박사장이 주식투자에서 큰 손해를 봤듯이 한 가지만 생각한다는 것은 오히려 위험을 키울 수 있어요. 이런 실수를 줄이려면 평소 시장의 흐름이나 지역의 정보에 대해 관심을 가지고 있어야 합니다. 그래야 다양한 예측을 할 수 있어요."

"아하! 일기예보를 매일 챙겨보면 우산을 준비하지 않아 낭패를 보는 경우를 막을 수 있듯이 예측을 할 수 있는 정보 수집과 그에 따른 대응을 미리 짜놓자는 말씀이죠?"

"그렇죠. 그래서 이번 지자체와 재래시장의 움직임에 대해서도 가급적 많은 정보를 수집해서 논의를 할 수 있어야겠죠."

최고수의 말에 모두 고개를 끄덕였다. 팀원들은 최고수의 업무 배정에 따라 각각의 분야에서 수집할 수 있는 데이터와 정보 채널의 가동을 점검했다. 그리고 3일 후에 1차 자료를 가지고 의논을 한 뒤에 시나리오 초안을 만들어 점장에게 보고하기로 했다.

오영광은 팀원들이 정리한 자료를 토대로 작성한 시나리오 초안을 다시 한번 확인한 뒤에 최고수의 자리로 갔다.

"팀장님, 초안을 작성했습니다. 한번 보세요. 보고서처럼 쓰지 말고 진짜 시나리오처럼 쓰라고 하셨는데, 그런 식은 처음이라서…."

"낯선 방식이라 좀 힘들었죠? 하하. 그래도 이렇게 써야 점장님이 의사결정을 할 때 많은 도움이 될 겁니다. 또 나중에 직원들도 앞으로 자신이 해야 할 업무와 중요성을 더 확실하게 이해할 거고요. 시나리오 방식이라 마치 이미지 트레이닝을 하듯이 미리 예상을 하는 데 도움이 될 테니까요."

"네, 알겠습니다. 아, 그리고 각자에게 자신의 업무 분야에서 예상되는 문제점을 준비하고 함께 모여 작성해봤습니다. 그렇게 하니 서로 공감대도 커지고 또 협업할 만한 내용도 나오니 확실히 좋더군요."

"그럼요. 이 시나리오는 개인이 할 수 있는 게 아니죠. 브레인스토밍이 필요한 작업이라 전담팀이 필요한데, 그렇게 모여서 하는 게 맞죠. 그리고 네 가지 C를 염두에 두고 수정해봅시다."

최고수는 4C, 즉 내용의 일관성Consistent, 미래의 모든 상황을 포함Comprehensive, 창조성Creative, 구체성Concrete 등을 설명하며 몇 군데 수정을 요청하였다. 그리고 마지막으로 한마디 덧붙였다.

"위기관리 시나리오는 읽는 사람의 관점에서 '왜?'를 생각하며 작성하는 게 좋아요. '내가 점장이라면 어떤 관심을 가지고 무엇이 궁금할까? 를 생각해보는 거죠. 또 점장님께는 간결하게 축약해서 보고할 수 있도록 준비하고, 직원들에게는 가급적 자세한 시나리오를 배포해서 디테일하게 숙지할 수 있도록 합시다."

최고수는 마지막으로 몇 가지 더 당부했다. 경우의 수를 너무 많이 두는 것은 혼란을 가중시킬 수 있으니 가장 유력한 두세 개로 정리하라고 했다.

"이상으로 발표를 마치겠습니다!"

"수고했습니다!"

미래 시 시청 대회의실의 분위기는 후끈했다. 시장과 공무원들은 연신 함박웃음을 지으면서 누리마트 미래점 직원들을 바라보고 있었다. 또 재래시장 시장연합회 사람들도 악수를 건네며 활짝 웃었다.

누리마트 미래점 점장을 비롯한 직원들의 표정도 한껏 밝았다. 지역 재래시장과 대형마트의 상생 프로그램 제휴식이 성공적으로 치러진 덕분이었다.

"최 팀장, 수고했어요. 이거 잘하면 본사에서도 전사 롤 모델로 미래점 상생 프로그램을 내세울지도 몰라. 저기 봐, 기자들도 많이 왔네."

미래점 점장은 기자들을 가리키며 최고수의 어깨를 두드렸다. 미래점에서 제안하여 성사된 상생 프로그램은 위기관리 시나리오에 따른 것이었다. 오영광은 두 가지의 최종 시나리오를 두고 격론을 펼쳤던 때가 기억났다.

지역 시장의 변화로 인한 위기관리 방안은 상반된 두 가지로 압축됐다. 먼저 대형마트의 자본과 규모를 앞세워 경쟁우위를 잃지 말아야 한다는 주장이었다. 어차피 물류나 서비스에서 압도적인 장점을 갖추고 있는 만큼 괜히 눈치 보지 말고 당당하게 하자는 내용이었다. 반면에 다른 주장은 미래점도 역시 미래 시의 일원이라는 생각으로 접근하자는 것이었다.

상반된 두 주장을 두고 미리 준비한 각각의 시나리오를 점검했다. 그 결과, 대립보다 상생하는 것이 위기를 미연에 방지하고 오히려 매출을 확대할 것이라는 결론이 나왔다. 상생 시나리오를 선택한 미래점은 그때부터 시나리오의 내용대로 움직였다. 우선 시청과 재래시장에 공문을 띄워 상생 프로그램을 제안하되, 생색내기가 아닌 진정성을 담았다는 것을 강조했다. 그리고 구체적인 상생 프로그램의 내용도 밝혔다.

미래점은 지역 재래시장 방문 고객이 시장에서 물건을 사고 쿠폰을 받아오면, 재래시장에 없는 브랜드 상품에 대한 할인 혜택을 주기로 했다. 또 재래시장이 8시 즈음에 철시하는 것을 감안하여 밤 12시까지 이벤트 홀을 대여하여 지역 특산물 직판을 지원하는 프로그램도 제시했다. 그리고 빅데이터를 활용하여 마트 주차장이 한가한 특정 시간대에 재래시장 방문 차량이 무료로 주차할 수 있도록 지원하기로 했다. 심지어 재래시장뿐 아니라 지역 관광 경제 활성화를 위해 마트에 방문한 관광객 중에 숙소 예약을 하지 않은 사람들을 지역 민박에 소개하는 것도 추진키로 했다.

"이렇게 서로 상생하니 얼마나 좋아요!"

시장과 재래시장, 그리고 지역 상공회의소 등 관계자들은 흡족함을 드러냈다. 무사히 상생 협약식을 마친 미래점 직원들도 안도의 한숨을 내쉬며 회사로 돌아왔다.

"이번 위기관리 시나리오는 두 가지 측면이 잘 발휘된 셈입니다. 먼저 '리스크 현재화 시나리오' 입니다. 이번 상생 협약은 지자체와 지역 재래시장이 마트를 적대적 경쟁자로 보고 대응하려던 것을 미리 파악해서 미연에 방지한 겁니다. 또 실제로 그런 움직임이 일어날 시점에서 초기에 대응을 잘한 거죠. 둘째는 '리스크 확대 시나리오' 입니다. 만약 우리가 경쟁 구도로 대응했더라면, 아마도 상상 외의 리스크로 확대될 가능성이 크지 않았을까요? 그래서 이 또한 사전에 리스크 확대를 방지하는 대응책이 될 수 있는 상생 시나리오로 갔으니 다행이었죠."

미래점으로 돌아온 미래전략팀은 잠시 숨을 돌린 뒤에 간단한 평가의 시간을 가졌다.

"확실히 시나리오가 있고 없고의 차이가 크다는 것을 알게 됐습니다."

오영광은 최고수의 말에 공감하며 위기관리에 대해 다시 한 번 생각하게 됐다. 그리고 이런 위기관리는 이제 지속적일 수밖에 없다는 것을 깨달았다. 불확실성의 시대이니 어쩔 수 없었다. 또 위기관리를 한답시고 목청 높여 구호만 외칠 게 아니라 구체적인 지식이나 정보, 각자의 역할과 기술 등이 중요하다는 것을 이번 기회에 확실히 알게 됐다. 특히 위기를 미리미리 탐지할 수 있는 네트워크와 소통 채널을 안정적으로 확보해야 한다는 것도 중요한 깨달음이었다.

20
위기와 기회,
프로와 포로

"정말 우리가 서울로 돌아가는 거예요?"

"당연하죠!"

마침내 누리마트 미래점이 3개월 연속으로 지역 1위의 자리를 지켜내자 미래전략팀 팀원들은 서울로 올라갈 수 있으리란 기대에 한껏 들떠 있었다.

"팀장님은요?"

최고수는 서울 유통본부에 근무했던 것이 아니기에 다시 도움이 필요한 타 지점으로 가서 특전사팀을 이끌 것이라고 했다.

"아니, 이게 뭐에요?"

이틀 뒤 정식 인사발령통지서를 전달받은 오영광은 한동안 말을 잇지 못했다. 서울 본부로 되돌아가는 다른 팀원들과 달리 자신의 발령지는 '제주점'이라고 적혀 있었던 것이다.

"아니 이게 도대체 무슨 일이에요? 왜 서울이 아니고 제주점이에요? 그것도 오 과장님만?"

"게다가 특전사팀 팀장이라니!"

오영광의 인사발령 통지서를 확인한 팀원들도 황당하기는 마찬가지였다.

"오 과장님, 잠시 저 좀 볼까요?"

사무실로 들어선 최고수가 오영광을 불러 다시 밖으로 나갔다.

"도대체 왜 이런 일이 벌어진 거죠? 팀장님은 알고 계시죠?"

옥상정원으로 나오자마자 오영광이 목소리를 높였다. 누구에게라도 소리치고 따져 묻지 않으면 폭발해버릴 것만 같았다.

"정확하게 알 순 없지만 짐작은 할 것 같아요. 본부장님이 일부러 오 과장님을 제주도에 보낸 것 같아요."

최고수는 자신이 특전사팀을 이끌면서부터 방 본부장은 늘 입버릇처럼 '자네 같은 친구가 한 명만 더 있었으면 원이 없겠다'는 말을 했다고 했다. 그리고 미래점에 특전사팀이 내려온 이후 방 본부장은 오영광에 대해 수시로 물었다고 했다.

"아마도 본부장님이 오 과장님을 오랫동안 지켜보며 특전사팀을 이끌 재목으로 판단하고 여기까지 내려보낸 것 같아요. 사실 그동안 특전사팀을 이끄는 것이 나 혼자의 힘으론 역부족이었거든요."

"아무리 그래도 제주도는…."

"나랑 바꿀까요? 난 이번엔 중국으로 가는데, 하하!"

"네? 중국이요? 거기까지 어떻게?"

"비행기 타고 가면 되죠, 뭐가 걱정이에요?"

최고수는 몸의 거리보다 중요한 건 마음의 거리라며, 아내와는 서로 진솔한 대화를 통해 마음을 전한다면 그리 문제될 것은 없을 것이라 조언했다.

"아내와 계속 떨어져 지내는 것도 문제이지만 더 큰 문제는 그 낯선 곳에 저 혼자서, 그것도 팀장이 돼서 팀을 이끈다는 것이 너무 두렵고 걱정이 돼요."

오영광은 오죽하면 처음 인사발령통지서를 봤을 때 회사를 그만둘 생각까지 했다고 고백했다. 방 본부장이 자신을 좋게 봤다는 최고수의 말이 다소 위안이 되긴 했지만 오영광은 여전히 깊은 한숨을 내쉬었다. 자신의 인생에 또 한 번의 커다란 위기가 온 것 같은 두려움을 지울 수가 없었다.

"우리는 지난 1년 동안 변화의 중요성을 비롯해 현장에서 실행력을 높이는 방법, 소통을 통한 협업, 그리고 위기를 예방하고 관리하는 능력을 키우는 등 '강한 직원'이 되기 위한 면모를 하나하나 훈련해왔어요. 그 결과 미래점을 다시 살려내고 미래점 리더들이 위기관리 능력까지 갖추도록 도왔어요."

최고수는 개인의 위기도 조직의 그것과 다를 바가 없다고 했다. 위기를 무작정 두려워하기보다는 나의 성장과 변신을 위한 기회라 여기며 적극적으로 붙잡고 헤쳐나가야 한다고 조언했다.

"우리는 살면서 좋든 싫든 필연적으로 몇 번의 위기를 겪게 됩니다. 그리고 그 순간, 어떤 선택을 하느냐에 따라 위기는 더 큰 위기가 되기도 하고 반대로 일생일대의 기회가 되기도 한답니다. 이 시기를 놓치면 절대로 같은 기회가 다시 오지 않아요. 본부장님이 오 과장님을 믿고 제주점을 맡긴 만큼 최선을 다해 능력을 발휘한다면 오 과장님에게 그것이 최고의 성장 기회가 될 수 있어요."

최고수는 위기를 극복해 오히려 기회로 만든 다양한 사례들을 들려주며 오영광을 격려했다.

"예전에 동물원에서 코끼리 몇 마리가 탈출한 적이 있어요. 길거리로 나간 코끼리들이 이곳저곳을 돌아다니다가 그중 몇 마리는 식당 안으로 난입하고 말았죠."

"네? 코끼리가 식당으로요?"

"식당 안으로 들어간 코끼리들은 그곳을 완전히 난장판으로 만들어버렸어요. 식당 주인은 졸지에 날벼락을 맞은 셈이죠. 풍비박산이 난 식당을 보고 주인은 망연자실할 수밖에 없었다고 해요. 그런데 그 주인은 이걸 오히려 기회로 삼았어요."

"엉망진창이 된 식당이 어떻게 기회를…."

"그 주인은 코끼리가 자신의 식당에 난입한 것을 '불행한 사고'라고만 여기지 않았던 거죠. 식당 간판을 새로 만들면서 '코끼리가 들어온 집'이라고 문구를 넣고, 자신의 식당에 난입한 세 마리의 코끼리도 그렸다고 해요. 그뿐만 아니에요. 메뉴도 '코끼리 정식'이라고 해서 팔았는데, 그게 대박이 나 언론에 소개될 정도로 유명해졌답니다."

최고수는 식당 주인이 낙담하고 한탄만 했다면 식당 문을 닫았을 것이라고 했다. 하지만 주저앉지 않고 코끼리가 난입한 사고를 기회로 삼은 것이다.

"멀다는 이유로, 낯설다는 이유로, 미개척지라는 이유로 낙담하고 한탄만 하다가는 어쩌면 아예 도전 자체를 두려워하는 사람이 될지도 몰라요."

"무슨 말씀이지 잘 알겠어요. 진지하게 고민해볼게요."

"그래요. 난 오 과장님이 자신의 성장을 위해 현명한 판단을 하리라 믿어요. 인생은 폭풍이 지나가길 기다리는 것이 아니라 빗속에서 춤추는 것을 배우는 것이라고 했어요. 위기 앞에 도망치기보다는 그것을 즐기며 오히려 기회로 만드는 '강한 직원', 아니 '강한 사람'이 되세요."

최고수는 오영광에게 기운내라며 격려와 응원의 말을 건넸다.

"정말 제주점까지 가실 거예요?"

오후 내내 오영광의 눈치만 살피던 팀원들은 퇴근 후 회식 자리에서 슬며시 발령 이야기를 꺼냈다.

"잘 모르겠어요. 아직 며칠 남았으니 좀 더 고민해보려고요."

언젠가는 자신도 팀장이 돼 팀을 이끌 것이라고 생각했지만 이렇게 전혀 예상치 못한 곳에서 익숙하지 않은 업무를 맡게 되리라곤 상상도 못했다.

"사실 우리 오 과장님이 너무 열심히 하셔서 그래요. 그냥 평균만 유지하면서 중간에 있었으면 저승사자 눈에 띌 일도 없었을 텐데 말이죠."

"맞아요. 그러니 이번에 제주점에 가시면 너무 잘 하려고 하지 마세요. 제주점 못 살려냈다고 설마 자르기야 하겠어요?"

"그냥 적당히 하다 현장 체질이 아닌 것 같다며 다시 서울로 보내달라고 하세요."

원대한의 말에 남인교와 정해진까지 거들며 '대충, 적당히, 중간만' 하라고 부추겼다.

"허허, 모두들 평균의 함정에 빠져 허우적대고 있군요."

가만히 이야기를 듣고 있던 최고수가 한심하다는 표정을 지으며 말을 잘랐다.

"평균의 함정이요?"

"사람들은 흔히 '평균만 하면 된다'는 말을 많이 하죠. 그리고 거기에 위안을 삼으라고도 합니다. '중간만 하면 돼', '너무 튀어도 일찍 직장에서 나가게 돼', '남들 하는 만큼만 하면 돼', '낙오만 안 되면 돼'라며 마치 그것이 조직생활의 최고 비법인 것처럼 말하죠. 이렇게 모두가 평균의 함정에 빠져 허우적대고 있는데 누가 문제점을 건의하고 누가 문제점을 개선하려는 노력을 할까요? 책임도 소신도 탁월함도 열정도 없는, 그저 그런 사람들이 모인 조직이 과연 희망이 있을까요?"

최고수의 말에 다들 변명의 말을 찾지 못해 술잔만 내려다봤다. 지난 1년 동안 미래전략팀에서 활동하며 나름 '강한 직원'이 되었다고 자부했다. 하지만 여전히 자신들의 마음은 평균의 함정에 빠져 있었음을 깨닫자 부끄러운 마음이 들었다.

"21세기 이력서는 자신이 쓰는 것이 아니라 남이 써주는 것이라고 합니다. '남이 써주는 나의 이력서' 이것을 두 글자로 '평판'이라고 합니다. 조직에서, 그리고 사회에서 나의 이름은 곧 나의 평판입니다. 회사에서, 업계에서 내 이름 석 자만 들어도 '아, 그 사람 이 분야에서 최고지!', '그 사람이야말로 최고 전문가야!' 라는 말이 바로 나와야 합니다."

최고수는 요즘은 직장을 옮기는 과정에서 대부분의 회사가 '평판조회'를 통해 그 사람의 근무태도나 동료들과의 관계, 마지막까지 근무에 최선을 다했는지 등을 살펴본다고 했다.

"지금은 다수의 대중 속에 몸을 숨긴 채 조용히 살아가는 그런 시대가 아닙니다. 그건 일명 '좀비' 같은 인생이에요. 회사에서 잘리는 그날까진 그냥저냥 목숨을 연명하는 것이 아니라 열정과 땀, 실행력으로 당당히 자신의 가치를 증명하고 보여주는 사람이 되어야 합니다. 그런 사람이 현장에서 변화의 리더로 위기를 극복하고, 개혁의 선도자로 자리매김을 하는 진정한 의미의 '강한 직원' 입니다."

최고수의 말을 듣고 난 후 오영광의 마음은 더욱 무거워졌다. 하려면 제대로 해야 한다는 말이 아닌가! 제주도까지 내려가서 이도저도 아닌 모습으로 지내다 평판까지 엉망이 되는 것은 생각만으로도 끔찍했다.

미래점에서의 공식적인 업무가 끝나자 미래전략팀 팀원들은 모두 옥상정원으로 나가 미래 시를 찬찬히 둘러보았다. 이토록 아름다운 풍광을 앞에 두고도 막막하고 암담한 마음을 거둘 수 없었던 1년 전 그날이 떠올라 오영광은 피식 웃음이 새어나왔다. 다시 또 1년이 지나면 분명 제주의 바다를 내려다보며 웃고 있을 테다.

제주점 발령 소식에 아내는 처음엔 할 말을 잃은 듯 조용했다. 그러다 갑자기 방 본부장을 원망하더니, 또 불현듯 자기 팔자는 왜 이 모양이냐며 서럽게 울기도 했다. 어느 순간 울음을 뚝 그친 아내는 직장이고 뭐고 다 정리하고 따라 내려갈 테니 자기를 먹여 살리라며 엄포를 놓기도 했다. 그렇게 30여분 동안 혼자 미친 듯 널을 뛰던 수화기 너머의 아내는 결국 '어쩌겠느냐, 회사가 다 당신 능력을 높이 평가해서 그런 거니 좋게 생각하자'며 오히려 오영광을 다독였다. 오영광은 그제야 마음의 결정을 내릴 수 있었다.

"여러분은 프로인가요? 포로인가요?"

차가운 겨울바람을 향해 활짝 가슴을 내밀며 최고수가 물었다. 이제 내일이면 그도 중국행 비행기에 몸을 실어야 한다. 두려움보다는 설렘이 가슴을 채우기에 그는 팀원들의 가슴에도 설렘과 자신감을 한껏 불어넣어주고 싶었다.

"네?"

"세상에는 두 종류의 사람이 있습니다. 자신의 분야에서 실력을 발휘하면서 스스로 문제를 해결하고 장애물을 돌파해가는 '프로'와 별다른 목표의식 없이 그저 주어진 일만 하며 타인의 지시에 따라 움직이는 '포로'가 바로 그것입니다. 그 어떤 조직도 '포로'를 구성원으로 두기를 원하지 않습니다. 게다가 컴퓨터와 기계가 그 역할을 대신하고 있으니 점점 더 '포로'가 설 자리가 줄어들 테죠. 그래서 직장에서 살아남기 위해서는 우리 스스로 프로가 돼야 합니다."

최고수는 늘 해왔던 익숙한 일이라고 해서 편안하게 여겨 안주하려 한다면 그 순간부터 퇴보가 시작된다며 무엇을 하든 그 일에서 최고의 전문가가 되겠다는 프로의 마음으로 성과를 내고 도전하라고 조언했다.

"넵! 명심하겠습니다. 싸부!"

남인교는 손을 번쩍 들어 경례까지 하며 자신의 남다른 각오를 보여주었다.

"그나저나 우린 다시 서울로 돌아가면 지금까지 해왔던 일을 할 테니 어렵진 않겠지만 오 과장님은 팀의 리더가 돼서 특전사팀을 이끌어야 하니 걱정이 이만저만이 아니겠어요.”

“그러게요. 여기선 최 팀장님이 계셨으니 별 걱정이 없었는데, 거기 가면 내가 그 역할을 해야 하니….”

원대한의 염려의 말에 오영광은 다시 한숨을 내쉬었다.

“늘 해오던 일이 가장 쉽게 여겨지는 것처럼 한 번도 해보지 않은 일은 가장 어려운 일처럼 느껴질 수도 있어요. 이 세상 어떤 일도 처음에는 다 어렵고 자신에게 맞지 않는 것처럼 느껴지니까요. 하지만 그 일을 일단 시작하고 하나하나 경험하다 보면, 무엇을 언제 어떻게 해야 할지 알게 되고 요령도 터득하면서 점차 잘 할 수 있게 되는 것이죠. 또한 그 일을 자신의 생활 깊숙이 받아들이면 점차 삶의 중요한 부분이 되어간답니다.”

최고수는 이 세상 모든 일들은 다 그 나름대로의 매력이 있고, 어떤 식으로든 보답을 한다고 했다. 예를 들어 자신의 역량을 훌쩍 넘어서는 일은 그것을 마친 후에 부쩍 향상된 역량을 선물해주며, 성과가 잘 안 나오는 일은 거듭된 도전을 통해 성과를 낼 수 있는 요령을 터득하게 해준다는 것이다.

“또 하기 싫은 일은 자신의 약점을 알게 해주고, 동시에 그것을 극복할 수 있는 방법도 알려주죠. 게다가 이런 일들은 생각하지도 못한 의외의 기회를 안겨주기도 한답니다.”

“그렇다면 하기 싫은 일이라고 해서 무조건 피할 것이 아니라 배운다는 생각으로 오히려 자청해서 하는 것도 하나의 좋은 방법이겠군요."

최고수의 말에 정해진이 조용히 고개를 끄덕였다. 평소 하기 싫은 일은 어떻게든 피하고 보던 그였지만 다시 서울에 가면 적극적으로 도전해볼 생각이다. 정해진은 미래점에서의 경험과 최고수의 가르침을 통해 제법 성숙해진 자신을 느끼며 흐뭇한 미소를 지었다.

"어떤 일이든 기왕 해야 하는 일이라면, 뒷일을 따지지 말고 먼저 하겠다고 해보세요. 그리고 그 일에 여러분 자신의 이름을 거세요. 그래야 성과가 있고, 여러분의 이름을 조직에서 기억해준답니다. 자신의 이름을 걸고 일하는 사람이 바로 진정한 '프로직장인'이랍니다."

최고수는 승진보다 중요한 것은 '나만의 브랜드'라는 사실을 잊지 말라는 말과 함께 모두에게 일일이 악수를 청하며 건투를 빌어주었다.

평균에 지배당하지 마라, 어떤 상황에서도 최선을 다하라.

'그래도 평균은 했다'며 스스로를 위안하지 마라. 평균은 단지 평균일 뿐이다. 평균이라는 수치에 빠져들다가는 평균만큼도 하지 못하게 된다. 다른 이가 얼마나 했는지는 중요하지 않다. 자신만의 기록이 중요하다.

100분의 1초를 다투며 싸우는 기록경기의 선수뿐 아니라 팀워크가 중요한 농구, 배구, 축구 등 단체경기에 이르기까지 자신만의 기록을 남기는 사람이 진정한 프로이듯, 업무에 있어서도 평균 이상의 도전적인 목표를 세우고 이를 달성하기 위해 최선의 노력을 다해야 한다. 그 과정에서 자신도 모르게 역량이 업그레이드 되면서 마침내 진짜 프로가 된다.

철저히 자신의 이름을 걸고 움직이는 사람이 되라.

음식점, 패션의상, 스포츠용품 등 곳곳에 자신의 이름을 걸고 판매되는 상품들이 있다. 사람들은 그 이름을 보고 최고의 제품임을 확신하고 구매하게 된다. 바로 그 이름에 담긴 최고의 이미지, 그것이 바로 브랜드의 힘인 것이다.

직장에서도 마찬가지다. 당신의 모든 족적에는 당신의 이름이 남겨진다. 그러니 이름석 자가 결코 부끄럽지 않도록 모든 것에 최선을 다하고 최고의 성과를 창출할 수 있도록 노력해야 한다.

남들보다 특별해지라.

대부분의 사람들은 주목받고 싶은 바람이 있다. 남들과 다른 나의 존재감을 인정받고 나아가 특별해지고 싶은 것이다. 조직에서의 특별함은 업무와 관련된 모든 능력과 비례한다. 탁월한 기획력을 가진 당신은 아주 특별한 존재다. 뛰어난 친화력을 가진 당신 또한 아주 특별한 존재다. 누구보다 열심히 일하는 근면성실의 상징인 당신도 특별한 존재임에 분명하다. 평균의 그들과는 다른 특별한 당신을 만들어감으로써 진짜 프로가 되는 것이다.

'누구나 할 수 있는 일'을 '나만이 할 수 있는 일'로 차별화하라.

당신 주변의 동료들보다 당신이 특별히 더 잘할 수 있는 것이 있는가? 회사 또는 팀 단위의 어떤 중요한 일이나 업무를 추진하려고 할 때 리더는 그 일을 가장 잘할 수 있으며 믿을 수 있는 사람을 찾기 마련이다. 업무와 관련된 지식이 탄탄하거나 남들과 구별되는 독특한 업무 노하우가 있는 것으로 당신의 존재감을 구축하라.

이제까지의 나를 넘어서라.

'나는 나를 넘어섰다' 오래전 방영된 한 자동차 회사의 광고 문구다. 이 광고는 어려움 속에서도 자신의 가능성만을 믿고 최선을 다한 끝에 성공을 이룬 사람들의 스토리를 시리즈로 담아냈다. 그들의 시선은 타인이 아닌 자신을 향해 있었고, 스스로 현재의 나를 뛰어넘는 내일의 나를 창조함으로써 진짜 프로가 됐다.

가만히 있는 걸 '현상유지'라고 생각하는가? 세상엔 자신의 역량을 끌어올리기에 열중하는 사람들이 너무나 많다. 가만히 있는 것은 현상유지가 아닌 퇴보다. 진짜 프로가 되고 싶다면 이전의 나를 넘어서는 좀 더 발전된 나를 끊임없이 만들어가야 한다.

영원한 것은 현장이다

두려움인지 기대감인지 알 수 없는 두근거림으로 밤잠을 설친 오영광은 이른 아침부터 출근준비를 서둘렀다. 자신에게 주어진 책임이 막중한 만큼 남들보다 더 많이 보고 더 많이 궁리해야 된다는 생각이 컸다.

누리마트 제주점으로 들어서며 오영광은 진입로와 주차장, 그리고 건물 전체의 조화를 살폈다. 제주도가 우리나라 최고의 관광지인 만큼 분명 그 고유의 마케팅 콘셉트가 있을 것만 같았다. 아예 노트까지 꺼내들곤 제주점 여기저기를 살피던 오영광은 출근 첫날부터 독수리의 눈으로 아군의 요새를 탐색하는 자신의 모습에 그만 웃음이 새어나왔다.

오영광이 근무할 제주전략팀의 사무실은 누리마트 제주점의 5

층에 위치해 있었다. 문 안으로 배꼼 고개를 들이밀며 오영광은 문득 미래점에 첫 출근하던 날을 떠올렸다. 삐죽거리던 자신과는 달리 팀장인 최고수는 익숙한 손놀림으로 청소를 하고 있었다. 자신들을 놀래주려는 단순한 코스프레 정도로 여겼던 그의 행동은 시간이 지날수록 그 의미가 분명하게 다가왔다. 자신이 몸담은 조직의 구석구석을 살피고 돌보며 정성을 다하는 것이 진정한 리더임을 깨우쳐준 것이다.

"그래, 나도 해보자!"

오영광은 사물함을 열어 누리마트 제주점의 유니폼을 꺼내 입었다. 그러고는 우선 사무실부터 청소했다. 얼핏 보기엔 깔끔해 보였지만 구석구석 살피니 급조한 티가 났다. 의자까지 들어 꼼꼼히 청소하고 정리를 하며 추가로 요청할 물품들을 메모하는 것도 잊지 않았다.

"이젠 복도!"

제주전략팀 사무실이 나름 만족스런 모습으로 변하자 오영광은 복도로 나왔다. 그의 이마엔 어느새 땀이 송골송골 맺혀 있었다.

"수고가 많으시네요."

복도 저편에는 이미 머리가 희끗한 청소용역 직원이 나와서 부지런히 청소를 하고 있었다. 오영광은 먼저 인사를 건네며 다가

갔다.

"아이고, 왜 이리 일찍 나왔어요? 그런데 처음 뵙는 얼굴인데 새로 오신 모양이군요."

"네, 어르신. 오늘 제주점으로 첫 출근한 오영광입니다."

간단한 인사를 나눈 두 사람은 서로 약속이라도 한 듯 구간을 나눠 청소를 하며 점점 멀어졌다.

"안녕하십니까, 점장님. 오늘부터 제주점에서 근무하게 될 제주전략팀의 오영광 팀장입니다."

"아, 오 팀장님이시군요, 말씀 많이 들었어요, 정말 반갑습니다. 그런데 어쩐다, 나는 점장님이 아니고 부점장이고, 점장님은 지금 매장을 돌아보고 계신데…."

"아, 반갑습니다. 부점장님. 제가 그렇잖아도 매장을 둘러보려 했는데, 겸사겸사 점장님 뵈면 먼저 인사드리겠습니다."

오영광은 부점장에게 인사를 하고 서둘러 매장으로 내려갔다. 팀원들이 일주일 뒤에 합류하는 만큼 제주점의 전 매장을 비롯한 경영진을 미리 파악해두어야 할 것 같았다.

"어휴, 어르신 극성은!"

매장을 돌던 중 청과코너 직원이 누군가를 보며 혀를 차는 소리를 했다. 자세히 보니 아침에 5층 복도에서 봤던 그 청소용역 직원이었다. 개점 전 마지막 점검에 심혈을 기울이려는 듯 여기저기를 꼼꼼히 살폈다.

"그게 다 열심히 하시려고 그러는 겁니다. 험!"

오영광은 청과코너 직원 옆을 지나며 낮은 목소리로 눈치를 줬다. 나름 열의를 보이는 직원의 의욕을 꺾는 것은 업무나 직급을 막론하고 올바르지 못한 행동이라는 생각에서다.

"오늘은 줄이 좀 삐뚤삐뚤하네요. 우리 이쁜 여사님들 마음처럼 이 상품들의 줄도 똑바로 세워보세요."

"아이고, 밥인지 떡인지 구분을 못하겠네. 오늘 초밥이 왜 이래요? 손님들 오시기 전에 얼른 다시 만들어야 되겠네요."

"음, 빵 냄새가 정말 구수하군요. 오늘의 모닝빵을 미리 맛볼 수 있을까요?"

가만히 그를 뒤따르며 살펴보니, 청소용역 직원의 행동이 다소 지나치단 생각이 들었다. 그런 그의 모습을 경영진이 보면 당장에 해고를 하니 마니 하며 목소리를 높였을 테다.

"어르신, 수고가 많으십니다. 매장은 제가 꼼꼼히 살피고 잘못된 것은 시정을 요구하겠습니다. 그러니 어르신은 이제 휴게실 같은 데 가서 좀 쉬십시오."

오영광은 점장을 만나면 주려 준비했던 음료수를 청소용역 직원에게 건네며 눈을 깜빡거렸다. 업무 시간이긴 했지만 새벽부터 나와서 일한 만큼 대충 어디 가서 좀 쉬라는 신호였다.

"아, 오영광 씨 마침 잘 만났어요. 오늘은 나랑 반씩 나눠서 돕시다. 내가 저기부터 저기까지 돌 테니까 오영광 씨가 나머지 구간을 돌아주세요."

"네?"

청소용역 직원의 말에 오영광은 황당함을 감추지 못했다. 일부러 유니폼을 벗고 말끔한 수트 차림으로 매장을 도는 자신을 여전히 같은 청소용역 직원으로 착각하는 것인가. 게다가 단 한 차례 지나가듯 이름을 얘기했을 뿐인데 그것을 기억하다니! 도대체 이 사람 정체가 뭐냐며 의심을 눈길을 보내던 그때, 저만치서 한 직원이 달려오며 소리쳤다.

"점장님, 회의 시간 10분 남았습니다. 얼른 올라오세요!"

"어, 그래요. 조금만 더 둘러보고 얼른 올라가죠."

알고 보니 오영광이 청소용역 직원이라 오해했던 사람이 바로 제주점 점장이었다.

"아, 점장님이십니까? 몰라 봬서 죄송합니다. 저는 오늘부터 제주점 제주전략실로 발령받은 오영광입니다."

"허허, 인사는 아까 하지 않았소? 자 회의 시간이 얼마 안 남았으니 서둘러 매장을 둘러봅시다."

"아, 네."

저만치 멀어져가는 점장의 뒷모습을 보며 오영광은 입을 다물지 못했다. 제주점을 혁신하러 온 자신보다 더 혁신적인 인물을 보는 것 같았다.

왜 여느 직원들과 동일한 유니폼을 입은 그를 이른 아침에 청소를 한다는 이유만으로 청소용역 직원이라 단정지었을까? 왜 조직의 경영진들은 나이만큼이나 고집이 세고 꽉 막힌 꼰대들이라 생각했을까? 왜 모든 사장들은 현장이 아닌 책상을 지키고 있을 것이라고 생각했을까? 수많은 질문들이 터져 나오며 오랫동안 그의 생각 한 편에 존재했던 묵은 선입견들을 무너뜨렸다.

"왠지 멋진 일이 일어날 것 같은데?"

새로운 일터에서의 첫 발걸음은 제주의 청량한 아침 바람만큼이나 상쾌했다. 오영광은 얼른 수첩을 펼쳐들곤 잰걸음으로 매장 점검을 서둘렀다.

위기를 기회로 바꾸는

현장의 힘

제1판 1쇄 발행 | 2016년 9월 20일
제1판 4쇄 발행 | 2018년 8월 10일

지은이 | 김한준
펴낸이 | 한경준
펴낸곳 | 한국경제신문 한경BP
외주편집 | 김선희
저작권 | 백상아
홍보 | 정준희 · 조아라
마케팅 | 배한일 · 김규형
디자인 | 김홍신
본문디자인 | 디자인현

주소 | 서울특별시 중구 청파로 463
기획출판팀 | 02-3604-553~6
영업마케팅팀 | 02-3604-595, 583 FAX | 02-3604-599
H | http://bp.hankyung.com   E | bp@hankyung.com
T | @hankbp   F | www.facebook.com / hankyungbp
등록 | 제 2-315(1967. 5. 15)

ISBN 978-89-475-4139-8   03320

책값은 뒤표지에 있습니다.
잘못 만들어진 책은 구입처에서 바꿔드립니다.